Pieritz/Spahn · Mensch, ärgere dich doch!

Dieses Buch ist das Begleitbuch zu der Fernsehserie »Mensch ärgere dich doch!« vom Norddeutschen und Westdeutschen Rundfunk

Mitwirkende:

Drehbuch:	Thomas Woitkewitsch und Claus Spahn
Schauspieler:	Kristina van Eyck, Helen Vita, Elisabeth Volkmann, Inge Wolffberg
	Stefan Behrens, Heinz Schacht, Gerd Vespermann, Karl Michael Vogler und viele andere
Filmteam:	Werner van Appeldorn, Michael Bommels, Elke Christ, Dieter Degener, Mo Förste, Heinz Haase, Jürgen Hasenack, Erik Nacken, Cordula Peters, Peter Runkel, Helmut Wallis usw.
Wissenschaftliche Beratung:	Dipl.-Psych. Rainer-Joachim Pieritz
Regie:	Rainer Klingenfuß
Redaktion:	Dr. Claus Spahn

Die Konzeption der Sendereihe und des Begleitbuches entwikkelte Dr. Claus Spahn, Westdeutscher Rundfunk, Köln.

Rainer-J. Pieritz / Claus Spahn

Mensch, ärgere dich doch!

Entspannter leben mit Wut, Ärger und Aggression

Kösel-Verlag, München

CIP-Kurztitelaufnahme der Deutschen Bibliothek

Pieritz, Rainer-Joachim:
Mensch, ärgere dich doch! : Entspannter leben
mit Wut, Ärger u. Aggression ; [dieses Buch ist
d. Begleitbuch zu d. Fernsehserie »Mensch, ärgere
dich doch!« vom Norddt. u. Westdt. Rundfunk] /
Rainer-Joachim Pieritz ; Claus Spahn. – München :
Kösel, 1983.
  ISBN 3-466-34083-7
NE: Spahn, Claus:

ISBN 3-466-34083-7
© 1983 by Kösel-Verlag GmbH & Co., München.
Printed in Hungary Alle Rechte vorbehalten.
Gesamtherstellung: Kösel, Kempten.
Umschlag: Günther Oberhauser, München, unter Verwendung eines
Fotos von Burkhard Bartel.

Inhalt

Ein Tag wie jeder andere . . . oder:
Bist du im Stau – kau!

Herr Nowhereman stürzt den letzten Schluck Kaffee hinunter, eilt zum Lift und drückt mehrmals auf den Knopf. Ungeduldig trommeln seine Finger gegen die Aufzugtür. Er steckt sich einen Kaugummi zwischen die Zähne.

Als der Aufzug endlich kommt, scheint kein Platz mehr frei zu sein. Herr Nowhereman drückt sich noch hinein. Er hört gar nicht hin, als sich ein oder zwei Mitfahrer beschweren.

Unten auf der Straße drängen sich die Leute. Alle wollen so schnell wie möglich zur Arbeit. Herr Nowhereman reiht sich in den Strom der Leiber ein. Wenn er eine Lücke erspäht, macht er schnell ein paar Schritte mehr. An der Ecke sieht er gerade seinen Bus wegfahren . . .

Um die Verspätung zu verringern, nimmt er die letzten beiden Stockwerke zu seinem Arbeitsplatz im Laufschritt. Als er die Bürotür öffnet, warten dort schon sein Chef und ein verärgerter Kunde. Seit 30 Minuten versucht sein Chef bereits, den Kunden zu beschwichtigen. Jetzt ist er selbst aufs Äußerste angespannt. Nur eine gute Entschuldigung kann jetzt die Situation – und die in Aussicht gestellte Beförderung! – noch retten . . .

Als der Kunde gegangen ist, eröffnet ihm sein Chef, daß er seinen Sommerurlaub verschieben muß. Man braucht ihn dringend in der Firma. Der Ton, in dem ihm der Chef dies eröffnet, verheißt nicht viel Gutes für die nächste Zeit.

Herr Nowhereman schielt mit einem Auge zum Briefbeschwerer, in seiner Brust sitzt ein Schrei, den er nur mühsam zurückhält. Seine Handflächen sind feucht, die Hände ballen sich zu Fäusten . . .

Herr Nowhereman reißt sich zusammen. Er geht nach nebenan. Dort kippt er schnell zwei Wodka hinunter und eine Alkaselzer –

er muß aufpassen. Sein Magen ist empfindlich und der Arzt hat ihn eindringlich ermahnt, Aufregungen zu vermeiden: »Ihr Blutdruck ist eindeutig zu hoch, für die Nackenschmerzen verschreibe ich Ihnen 10 Massagen und passen Sie bloß auf, daß Sie nicht zuviel trinken. Sie wissen, Ihre Leberwerte . . .«
Als er wieder allein im Büro sitzt, schaltet er das Radio an. Heino singt gerade: »Hohe Tannen . . .« und der Nachrichtensprecher auf dem anderen Sender verliest erstmal Alarmierendes über die Regenerationsfähigkeit des Waldes, um dann gleich zur atomaren Bedrohung überzuleiten. Zwischen Nürnberg und München ist die Autobahn bei Allershausen gesperrt, 6 km Stau. Die Neugierigen sollen sich von der Unfallstelle zurückziehen, um die Bergungsarbeiten nicht zu behindern.
Udo Lindenberg singt vom »Sonderzug nach Pankow« und möchte gern »Grünes Licht« von Herrn Honnecker.
Nichts geht voran.

Ich bin es leid geworden
Du bist es leid geworden
und überall bei unsren Freunden auch die gleichen Sorgen
es muß am Wetter liegen, es muß am Jahrgang liegen
wir haben alle einen Drang, uns etwas vorzulügen.

Karin und Dieter Hutmacher
(Aus: Zerbrechlich, 1982)

Vielleicht, ja vielleicht, ist es nur der Abgesang einer Epoche – die Ruhe vor dem großen Sturm??

1 Wut, Ärger und Aggression – was ist das? Erklärungsansätze

Je mehr ich mich mit der Frage beschäftigte, was die Aggressionsforscher unter aggressivem Verhalten verstehen, desto verwirrter, ärgerlicher und wütender wurde ich. Jeder bietet eine andere Begriffsbestimmung an, leitet aus seinen Laboruntersuchungen weitreichende Schlußfolgerungen ab und empfiehlt zum Aggressionsabbau ein ganzes Arsenal von Maßnahmen bis hin zur Vermeidung von Kriegen.

Die persönlichen Schlußfolgerungen, die ich aus dem Berg von Untersuchungen über das Wesen der Aggressivität gezogen habe, lauten wie folgt:

Erstens: Es gibt keine guten oder bösen Aggressionen. Sie können auch nicht interessenneutral definiert werden. Das heißt: Ob jemand ein Verhalten als aggressiv bezeichnet oder nicht, hängt von seinem Standort – oder anders ausgedrückt, davon ab, ob er zu den »Mächtigen« oder zu den »Schwachen« in dieser Gesellschaft zählt.

Zweitens: Aggressionen müssen nicht zwangsläufig mit Ärger und Wut in Verbindung stehen. Es gibt aggressive Verhaltensweisen, die völlig ohne Empfindungen eingesetzt werden – sei es, um irgendeinen Vorteil zu erlangen oder um ein Hindernis aus dem Weg zu räumen.

Drittens: Es gibt kaum eine Bezeichnung für ein Verhalten, das so häufig falsch oder irreführend verwendet wird, wie das Wort Aggression: »Inzwischen fragt sich schon Bauer Pipenbrink in der Lüneburger Heide, ob nicht die Erziehung seiner Ferkel durch die Muttersau ein ganzes Stück aggressionsfreier ist als seine eigenen Erziehungsmethoden.« (Habermehl, 1980)

Aggression in unserer Gesellschaft und auf dem Seziertisch der Wissenschaft

Meinen Ärger über die Kurzsichtigkeit so vieler Forscher möchte ich, statt ihn in mich hineinzufressen, mit dem Leser teilen. Deshalb hier einige Beispiele:

● Aggression wird bezeichnet als »Reaktion, die einem anderen Organismus schädliche Reize verabreicht« (Buss, 1961). Zu der Frage, was unter einem schädlichen Reiz zu verstehen sei, heißt es bei demselben Autor (Buss, 1972), das hänge von der Intention desjenigen ab, der diese Reize verabreiche.

Das heißt aber: Solange der Austeiler von Reizen befindet, sie dienten dem Individuum oder der Gesellschaft zum Besten, seien also nicht »schädlich«, kann selbst bei Handlungen wie Schmerzen zufügen, Strafen verhängen, Kindern mit Liebesentzug drohen, von Aggression nicht die Rede sein. Demnach verhält sich z. B. ein Polizist, der bei einem Einsatz vom »Schlagstock Gebrauch macht« und einen Demonstranten am Kopf verletzt, nicht aggressiv, denn er hat doch mit der Absicht zugeschlagen, sein Gegenüber »zur Vernunft zu bringen«.

Geschlagene Frauen, Patienten in Psychiatrischen Kliniken, Delinquenten, abgeschobene Ausländer, zwangsgeräumte Mieter, mißhandelte Kinder, blutende Demonstranten haben, was die Schädlichkeit der ihnen zugefügten »Reize« angeht, sicherlich eine andere Vorstellung als diejenigen, die die Macht oder auch das Recht besitzen, solchermaßen aktiv zu werden.

»Mit anderen Worten: die (Un-)Schädlichkeit eines Reizes wird meist von denen definiert, die sie ›aussenden‹, und nicht von denen, die sie empfangen« (Schmerl, 1978).

● Von »Herrschaftsaggression« wird gesprochen in bezug auf Verhaltensweisen, die den gesellschaftlich mächtigen Gruppen dienen und diesen als »nützlich« gelten, während andere, die sich gegen die Interessen dieser Gruppen richten, als »schädlich-aggressiv« eingestuft werden (Fürntratt, 1974):

Da gesellschaftliche Gruppen und Klassen unterschiedliche Macht haben, wird landläufig das als Aggression angesehen, was den Normen der herrschenden Klasse widerspricht, d. h. für ihre Interessen ›schädlich‹ ist. Eine objektive, klassenunabhängige Definition von Schädlichkeit gibt es nicht und damit auch keine klassenunabhängige, allgemeingültige und abstrakte Definition von Aggression.

● Als schädlich angesehen oder zumindest negativ bewertet werden vor allem auch diejenigen Aggressionsarten, die einen kräftigen Schuß Wut oder geballten Ärger mitführen. Dazu zählen vor allem direkte physische Aggressionen: Schlägereien, Messerstechereien, Ohrfeigen, Stockhiebe, Vergewaltigungen, Mord, Studentenkrawalle, Widerstand gegen die Staatsgewalt, Zertrümmerung von Fensterscheiben und Mobiliar, Straßensperren, Tätlichkeiten von Schülern gegen Lehrer, Handtaschendiebstahl, tätliche Bedrohung und Überfälle.
Rundfunk, Fernsehen und die Tageszeitungen sorgen dafür, daß körperliche Aggressionen dieser Art immer wieder grell im Blickpunkt stehen. Leider fehlen häufig Ursachenanalysen, die über Erziehungsprobleme und Familienschwierigkeiten hinausgehen. Ausnahmen bestätigen diese Regel: Die »Badische Zeitung« (Freiburg), alarmiert von der steigenden Zahl der Kindesmißhandlungen in der Bundesrepublik, kommentiert:

In etwa tausend Fällen überleben die Kinder diese Art »elterlicher Liebesbeweise« nicht... Aber das Erschrecken darüber genügt nicht. Zu fragen ist: Woran liegt es, daß so viele Eltern ihre Kinder, denen sie doch Liebe schulden, mißhandeln und so zu heimlichen Verbrechern werden?
An sadistischer Lust wohl in den seltensten Fällen. Eher ist es ein Zeichen von seelischer Not, von Unfähigkeit, sein eigenes Leben friedfertig und gewaltfrei zu bewältigen, und ein Zeichen von Gewaltstrukturen in unserer Gesellschaft.

Ausgeklammert bleiben in den Medien aggressive Verhaltensweisen, die sich nicht auf öffentlichen Plätzen, in Fußballstadien oder Stadtparks zeigen. Ich denke hierbei an Vergewaltigungen, die »legal« im ehelichen Schlafzimmer stattfinden; Prügeleien und Mißhandlungen von Frauen und Kindern hinter verschlossenen Türen; Gewalt und Ruhigstellen in psychiatrischen Kliniken, Gefängnissen und bei der militärischen Ausbildung.

Noch schwerer zu fassen und mit Hilfe journalistischer Recherchen ans Tageslicht zu zerren sind indirekte oder passive Aggressionsformen: Wen interessiert es auch, daß ein bestimmter Vorgesetzter zum hundertsten Mal seine Sekretärin als »unfähige, unbrauchbare Niete« beschimpft oder eine Frau wiederholt ihrem Mann den Geschlechtsverkehr verweigert, mit der fadenscheinigen Begründung, daß er ihre Mutter nicht vom Bahnhof abgeholt hat. Oft ist es nur der Blick, mit dem ein Lehrer eine ungenügende Schulaufgabe zurückgibt, oder die Körperhaltung, mit der ein Fußballtrainer seinen Mittelstürmer korrigiert.

Im Einstellungsgespräch mit einem Bewerber gibt es ebenso wie bei einem Kennlerngespräch mit einem Wohnungssuchenden Fragen, die unter »die Gürtellinie« gehen, weil sie die Abhängigkeitssituation ausnutzen und provozieren sollen. Bleibt die aggressive Gegenwehr aus, so ist dies in der Regel ein Pluspunkt für den Bewerber – er bleibt im Rennen.

Als aggressiver Akt muß auch die Räumungsklage eines Hausbesitzers eingestuft werden, zumindest vom betroffenen Mieter, der gezwungen werden soll, die ihm vertraute Umgebung zu verlassen und in eine Neubausiedlung zu ziehen. Der Hausbesitzer muß weder ärgerlich noch wütend auf diesen Mieter sein. Er hat sich nur zum Ziel gesetzt, die neuen Wohnungsbaugesetze voll auszuschöpfen und brachliegendes Kapital gewinnbringend anzulegen.

Wie bereits erwähnt, können aggressive Verhaltensweisen ohne die charakteristischen gefühlsmäßigen Begleiterscheinungen eingebracht werden. Wut, Ärger, Betroffenheit werden meist erst in der Gegenreaktion – im Protest – deutlich.

Unwahrscheinlich ist auch, daß ein Produzent eines Fernsehfilms mit vielen Gewaltszenen eine heimliche Wut auf die vielen Kinder und Jugendlichen hat, die diesen Film sehen werden. Er fühlt sich mit Sicherheit auch nicht verantwortlich für den unruhigen Schlaf dieser Kinder, ihre Gereiztheit am nächsten Morgen und die verbalen Attacken gegen ihre Mitschüler während des

Unterrichts. Der Münchner Medienpädagoge W. Kögel meint zum Thema Gewalt:

...und es läßt sich nicht wegdiskutieren, daß aufgrund von lern- und tiefenpsychologischen Vorgängen (Verstärkung, Imitation, Lernen am Modell, Projektion, Identifikation usw.) zwischen der Darstellung von Gewalt auf Video, Film und im Fernsehen und der Herstellung bestimmter Verhaltensbereitschaften z. B. im destruktiv-aggressiven Bereich gewisse Zusammenhänge bestehen können – behutsamer ist das kaum zu formulieren – vor allem dort, wo entsprechende Programme als Dauerkonsum vereinnahmt werden.

Kinder, die häufig mit Gewaltszenen im Fernsehen konfrontiert werden, scheinen dazu zu neigen, sogar den natürlichen Tod als Folge von Gewalteinwirkungen zu interpretieren. Eine neuere Untersuchung schwedischer Wissenschaftler zeigt beispielsweise, daß 40 Prozent aller Kinder im Alter von sechs und zehn Jahren glauben, Menschen würden einzig durch Mord oder Totschlag sterben.

Wie einträglich das Geschäft mit Angst und Schrecken ist, spiegeln die hohen Umsatzzahlen beim Verkauf von Porno-, Kriegs- und Horrorfilmen wider. In der aktuellen Hitliste steht der Horrorfilm »Man-eater« gleich hinter den Kriegsfilmen: »Apocalypse now« und »Steiner ›Das eiserne Kreuz‹« auf dem dritten Platz.

Hier wird deutlich, daß in Teilen der Bevölkerung ein starkes Bedürfnis nach Gewalt und Schrecken vorhanden zu sein scheint. Zumindest der Wunsch, dabei zu sein, wenn gemordet, gefoltert und vergewaltigt wird.

In den Programmzeitschriften der Videomagazine kann man denn auch lesen:

Zombie: Kalkweiße Köpfe mit strähnigem Haar fliegen durch die Luft, Hirn klatscht dekorativ an weißgetünchte Wände, fontänenartig spritzt Blut aus angebissenen Beinen, in einem Keller sitzen grauenerregende Wesen und schmatzen Menschenfleisch: Die Zombies sind losgelassen.
Man-Eater: Gierig nach Menschenfleisch, beißt das Ungeheuer seinen Opfern die Kehle durch und verzehrt schmatzend die herausgerissenen Eingeweide.

Im begleitenden Werbetext wird mit dem Grauen geworben:

Dieser Film ist so entsetzlich, daß sie ihn ihr Leben lang nicht vergessen werden ... Dieser Film enthält extrem starke und nervenbelastende Szenen, die bei sensiblen Zuschauern zu gesundheitlichen Belastungen führen können. Dies ist kein Werbegag, sondern eine ernstgemeinte Warnung. Der Man-eater wird durch ihre Alpträume geistern.

Nicht vergessen: Im Augenblick ist dieser Film der drittgefragteste Videofilm in der Bundesrepublik.

Die Anhänger der sogenannten Katharsistheorie sind der Ansicht, daß aggressive Impulse, die in uns allen schlummern, am gefahrlosesten stellvertretend in Filmen oder an Ersatzobjekten abreagiert werden könnten. Der samstägliche Bundesligawettbewerb in den Fußballstadien gehört ebenso dazu wie der Boxsport, Catchen oder Freistilringen.

Das Lager derjenigen, die nichts vom Dampfablassen oder vom Abreagieren halten – in erster Linie die Lerntheoretiker –, weist immer wieder darauf hin, daß es vor allem die Verherrlichung von Gewalt durch aggressive Modelle ist, was den Anstieg der Gewaltdelikte und Verbrechen zu bewirken scheint.

Fassen wir zusammen: Neben der offensichtlichen Gewalt und Aggression gibt es – unter der Spitze des Eisbergs – noch vielerlei Formen von indirekter oder passiver Gewalt, die durchaus emotionslos und ohne bösen Willen tagtäglich praktiziert wird.

Wer Genaueres über die Ursachen und Wirkungen derartiger Aggressionsformen wissen möchte, tut gut daran, sich nicht weiter in die Ergebnisse der heutigen Aggressionsforschung zu vertiefen. Denn dort findet man vor allem Untersuchungen, in denen Aggression, klinisch sauber und methodisch unanfechtbar, bestimmt wird – anhand von elektrischen Schlägen, zerstörtem Spielzeug oder in Aggressionsfragebögen.

Zugegeben, der Forschungsgegenstand macht es dem Wissenschaftler nicht leicht: Aggressives Verhalten zeigt sich vor allem in Situationen, in denen kein neutraler Beobachter in aller Ruhe Striche auf seiner Strichliste machen kann und in denen Tonband- oder Videoaufnahmen nicht erlaubt oder nicht vorhanden sind. Bestimmte Aggressionsexperimente sind auch aus ethischen

Gründen nicht zu vertreten: Kindes- oder Frauenmißhandlungen lassen sich ebensowenig im Experiment wiederholen wie die Gewalt, die gedankenlos in Schulen oder Elternhäusern ausgeübt wird. In experimentellen Laboruntersuchungen können solche Situationen höchstens nachgestellt werden. Der Zwang, der durch Autoritäten ausgeübt wird und blinden Gehorsam zur Folge haben kann, wird dann vielleicht durch die Stärke der Stromstöße gemessen, die eine Versuchsperson »ihrem Opfer« zumutet. (Milgram, 1963–65, siehe Kasten).

Das Milgram-Experiment: Eine Untersuchung zum Autoritätsgehorsam

In dem Experiment, das der amerikanische Psychologe Milgram 1963–65 durchführte, wurden Leute auf der Straße gebeten, sich für 4 Dollar und 50 Cent als Versuchspersonen zur Verfügung zu stellen. Die Teilnehmer kamen aus allen Bevölkerungsschichten und waren zwischen 20 und 50 Jahren alt.

Ihnen wurde gesagt, daß in einem Experiment die Auswirkung von Bestrafung auf das Lernen untersucht würde. Ihre Mitwirkung bestehe darin, einen 45 Jahre alten Mann für falsch gelernte Wörter mit Stromstößen zu bestrafen.

Dieser 45jährige Mann war in Wirklichkeit ein Komplize von Milgram und erhielt keinen einzigen Stromschlag. Den Teilnehmern an dem Experiment wurde dies jedoch verschwiegen.

Um den Teilnehmern eine Vorstellung von der Stärke des Stromschlags zu geben, erhielten sie selbst einen Stromschlag von 45 Volt. Dann wurde der 45jährige in einem Nebenraum vor den Augen der Teilnehmer an einen Stuhl geschnallt und mit Elektroden bestückt. Dieser Raum konnte während des Versuchs von den Teilnehmern nicht eingesehen werden. Über eine Wechselsprechanlage war jedoch seine Stimme zu hören. (Während des Versuchs wurden seine Reaktionen auf die Stromstöße von einem Tonband simuliert.)

Jeder Teilnehmer sollte von einem deutlich gekennzeichneten Schalter – »Leichter Schlag« (15 Volt) bis »Gefahr, Schwerer Stromschlag« (450 Volt) – den jeweiligen Stromschlag wählen. Ihm wurde befohlen, den Stromschlag jedesmal um eine Position zu erhöhen, wenn der Mann einen Fehler machte. Über die Gegensprechanlage hörte man bei 75 Volt ein simuliertes Jammern; bei 150 Volt die dringliche Aufforderung, das Experiment abzubrechen; bei 180 Volt laute, eindringliche Schreie; bei 300 Volt gequälte Schreie und »Aufhören, Aufhören!«; bei noch höherer Stromstärke nur noch Schweigen.

Wenn ein Teilnehmer am Schockgenerator das Experiment abbrechen wollte, sagte Milgram in ernstem und bestimmtem Ton: »Ob es der Mann mag oder nicht – Sie müssen fortfahren, bis er alles richtig gelernt hat! So, machen sie weiter!«

Die Ergebnisse dieses Experiments mit 40 Teilnehmern zeigten, daß 62 Prozent (!!) der Teilnehmer in ihrer Bestrafung die Stromstöße bis auf 450 Volt erhöht hatten. Nur 38 Prozent brachen das Experiment vorzeitig ab. Der am häufigsten verabreichte Stromstoß lag bei 370 Volt.

Das gleiche Experiment wurde mit ähnlich bestürzenden Ergebnissen in Deutschland wiederholt (Mantell, 1971).

Nach diesen Untersuchungen fördern vor allem zwei Bedingungen den blinden Gehorsam gegenüber Autoritäten:

1. Die Gehorsamkeit wächst, wenn Menschen in direktem persönlichem Kontakt mit einer Autoritätsperson stehen. Das heißt, wenn die Autorität im gleichen Raum ist und direkten Einfluß ausüben kann.

2. Die Gehorsamkeit wird verstärkt, wenn der Befehlsgeber eine sehr viel höhere soziale Stellung einnimmt als der Befehlsempfänger (z. B. Lehrer–Schüler, Offizier–Soldat, Meister–Lehrling).

Für viele Menschen, denen das Milgram-Experiment zu Ohren kam, war es nur eine Bestätigung mehr, daß der Mensch von Natur aus schlecht sei und daß man Kontrollen einbauen müsse, seine »Tiernatur« in Schach zu halten.

»Der Mensch ist des Menschen Wolf« hatte schon vor mehr als drei Jahrhunderten der Philosoph Thomas Hobbes gewarnt. Ins gleiche Horn stößt Konrad Lorenz, ein Instinkttheoretiker und kompetenter Beobachter von niedrigen Tierarten. In seinem weitverbreiteten Buch »Das sogenannte Böse. Zur Naturgeschichte der Aggression« stellt er die Behauptung auf, daß sich in den Nervenzentren fortwährend Triebenergie ansammelt, die sich dann entlädt, ja entladen muß, wenn das »Aggressionseimerchen« voll ist. Lorenz hat dabei tatsächlich das Bild eines Behälters vor sich, aus dem Flüssigkeit durch ein am Boden sitzendes Ventil abgelassen werden kann.

Der Schluß liegt nahe, daß die menschliche Natur böse ist, und daß die Tendenz, andere auszubeuten, zu bekriegen und zu töten, nun mal eben zum Menschen gehört. Auf die Dauer ist es, so gesehen, nur sehr schwer möglich, den Menschen so weit unter Kontrolle zu halten, daß er nicht immer wieder Kriege anzettelt oder mit seinen Nachbarn im Streit liegt.

Lorenz geht mit seinen Behauptungen sogar so weit, daß er eine intraspezifische Selektion annimmt, durch die im Laufe von Jahrzehntausenden sogenannte »kriegerische Tugenden« herangezüchtet wurden. Die vielen Kleinkriege, die laut Lorenz die benachbarten Menschenhorden zu führen gezwungen waren, hätten die aggressiven Eigenschaften verstärkt. Danach »ist der Mensch aggressiv, weil er aggressiv war, und weil er so aggressiv war, ist er heute so aggressiv.« (nach Fromm, 1977).

Die Begründung der Behauptung, daß der Mensch von einem angeborenen Zerstörungswunsch beherrscht ist, entnimmt Lorenz seinen Beobachtungen an niederen Tieren: In der Hauptsache sind dies Fische und Vögel, die in der Gefangenschaft leben. In seinen Analogiebeweisen deckt er Ähnlichkeiten zwischen tierischem und menschlichem Verhalten auf. Und umgekehrt belegt er das instinktmäßige tierische Verhalten mit Begriffen, die dem Humanbereich entstammen.

Bei seinen Beobachtungen an Graugänsen mußte er beispielsweise feststellen, daß sich ein »Band« zwischen allen Tieren bildete, sobald sie sich von außen bedroht fühlten. Sie schienen in solch einem Fall genau zwischen »wir« und »sie« zu unterscheiden. Lorenz: »Der Gegensatz zwischen ›wir‹ und ›sie‹ kann stark kontrastierende Einheiten aneinander binden. Angesichts des heutigen China scheinen sich die Vereinigten Staaten und die Sowjetunion gelegentlich als ›wir‹ zu empfinden. Das gleiche Phänomen, das übrigens auch gewisse Kennzeichen des Kampfes aufweist, kann man bei der Zeremonie des Triumph-Geschnatters der Graugänse beobachten« (1966).

Allein aus diesem Beispiel wird offensichtlich, wie stark Lorenz mit seinen Verallgemeinerungen über die Grenzen jeglicher Wissenschaftlichkeit hinausgeht. »... soweit entsprechende Beispiele beim Menschen zitiert werden, erscheinen sie tatsächlich mehr anekdotisch als wissenschaftlich überzeugend« (Elhardt, 1973).

Woran liegt es, daß so viele Menschen sich von Lorenz angesprochen fühlen und seine Bücher Bestsellerhöhen erreichen? Nach meiner Meinung neigen außerordentlich viele Menschen dazu, Tieren menschliche Gefühle wie Grausamkeit, Eifersucht oder Treue zu unterstellen. Sie haben zu Tieren sehr oft eine liebevollere Beziehung als ihren eigenen Verwandten gegenüber und gehen ganz selbstverständlich davon aus, daß ihr Hund oder ihre Katze bezüglich ihres Selbstkonzepts mit Menschen vergleichbar sind. Ja, in der Regel gelten sie als »dankbarer« und »verständiger« als der eigene Ehepartner! Nimmt es da wunder, daß es keinerlei Erstaunen auslöst, wenn Eigenschaften und Verhalten von Tieren zur Erklärung menschlichen Verhaltens herangezogen werden?

Lorenz' Thesen scheinen vor allem deshalb auch heute noch fruchtbaren Boden zu finden, weil sie den Leser von Schuldgefühlen entlasten, die dieser wegen seines aggressiven Denkens und Handelns hat. Lorenz bietet ein vorzügliches Alibi an, das von der eigenen Verantwortlichkeit weitgehend entbindet und die Schuld dem »unvermeidbar Natürlichen« aufhalst.

Keiner braucht sich gesellschaftspolitisch zu betätigen oder sich Gedanken über die Fäulnis unserer allgemeinen Moral zu machen, da der Aggressionstrieb ja nicht durch einengende Normen und trickreiche Ausnutzung menschlicher Bedürfnisse entsteht, sondern angeboren ist. Die Schlechtigkeit ist im Prinzip nicht zu ändern, genausowenig wie die Aggression und der Wunsch, andere zu übervorteilen.

Da Lorenz selbst nicht allzu glücklich über sein pessimistisches Menschenbild zu sein scheint, macht er am Ende seiner Ausführungen einige Vorschläge zur Eindämmung der Gefahr, damit »die Gesellschaft durch das falsche Funktionieren der sozialen Verhaltensmuster nicht völlig desintegriert wird«. So schlägt er beispielsweise vor, der Mensch möge sich selbst erkennen, damit er seine sich aufstauende Aggression an Ersatzobjekten abreagieren kann. Eine hervorragende Möglichkeit, die angesammelte Aggression ganzer Völker auf eine ungefährliche Art und Weise zu kanalisieren, sieht Lorenz im Kampfsport. Problematisch ist auch der Allerweltsvorschlag, die humanistische Bildung auszubauen. Die allen gemeinsamen Ideale würden dann zu einem Band von Werten geknüpft, das dem einzelnen in seinem Kampf gegen aufsteigende Aggressionsstrebungen Halt geben könnte.

Nun ist es aber nicht leicht, umfassende Aussagen über Ursache-Wirkungs-Ketten aggressiven Verhaltens zu machen. Deshalb wird der Laie ärgerlich, wenn er mit solchen oder ähnlichen Allerweltsratschlägen zur Ausmerzung von Aggressionen konfrontiert wird. Häufig findet er auch idealistische Forderungen vor, die auf die Abschaffung sämtlicher Aggressionsformen hinauslaufen (z. B. Schmidt-Mummendey, 1973). Oder er wird mit Rezepten konfrontiert, die allenfalls eine Alibifunktion wahrnehmen können (Singer, 1972).

Zu komplex sind in der Regel die Zusammenhänge, zu vermischt oft Ursache und Wirkung, als daß ein bestimmtes Experiment mit Forschern aus einem Fachbereich Aufschluß geben könnte über den Regelkreis von Aggressionsursache, Aggressor, Aggressionsform und -richtung sowie über kurz- und langfristige Folgen einschließlich der Gegenaggression.

Was im Augenblick vonnöten ist, sind Vermutungen über den Zusammenhang zwischen der Struktur des Menschen, seine soziale, wirtschaftliche und ökologische Umwelt sowie seine Möglichkeiten, sich von Zwang, Druck, Erpressung zu befreien. Zu solchen Gedankengebilden zählen auch Phantasien über eine andere, menschlichere Welt. Ideen über ein friedlicheres Zusammenleben von Mensch und Natur, über eine andere Art von Ernährung, über ein anderes Verhältnis zu den Schätzen der Natur, über eine alternative Energieversorgung, andere Wohn- und Lebensformen und über eine andersartige Verteilung von Macht und Einfluß.

> Woher kommen denn die Kriege, woher die Kämpfe unter euch: nicht aus dem Widerstreit eurer Wünsche in euren Gliedern?
> Ihr wollt haben, was ihr nicht besitzt, so werdet ihr neidisch und ereifert euch, könnt es aber nicht erlangen; so kommt es zu Kampf und Krieg.
> Ihr besitzt es nicht, weil ihr nicht darum betet! Ihr betet aber und bekommt es doch nicht, weil ihr in böser Absicht betet: Ihr wollt das Erbetene ja nur dazu verwenden, eure Wünsche zu befriedigen.
>
> Jakobus 4,1–3

Wenn man die spröde, trockene, ineffektive Aggressionsforschung sieht, wie sie heute an vielen deutschen Universitäten betrieben wird, kann man den tieferen Sinn eines Aufklebers verstehen, den ich kürzlich an der Eingangstür eines Universitätsinstituts fand: »Alle Macht der Phantasie!«

Aber woher soll denn die Phantasie kommen, wenn selbst an den Universitäten die Angst vor dem Verlust des Arbeitsplatzes umgeht? Woraus der Mut erwachsen, den aggressiven Ellbogen-gebrauch im Wirtschaftsleben zu erforschen oder die seelische Gewalt festzuhalten, die Teil der militärischen Ausbildung ist? Da ist es dann schon leichter, auf Hunderten von teuren Video-bändern die soziale Interaktion von Mutter und Kind aufzuzeichnen und sie von Praktikanten penibel auf kleinste Anzeichen aggressiver Impulse durchforsten zu lassen. (Während ich diese Zeilen schreibe, merke ich, wie sich mein ganz persönlicher Ärger über die Weltfremdheit mancher Forscher in die Zeilen hineinfrißt und wie ich auch auf mich böse werde, weil ich jahrelang selbst scheuklappenverhaftet Lehre und Forschung betrieben habe.)

Vor allem der Psychologe ist ständig in Gefahr, der Faszination psychologischer Erklärungsmuster zu erliegen und diese als alleinige Quelle menschlichen Fehlverhaltens zu betrachten. Was die Erklärung aggressiven Verhaltens angeht, so liegt die Verführung auf der Hand, sich ausschließlich auf individuelle Erklärungsansätze der Aggression zu beziehen und soziale, materielle und politische Ansätze zu vernachlässigen.

Der innere »Kriegsschauplatz« – von Freud bis Fromm

Wie leicht kann man da vor allem an den Werken Freuds hängen bleiben, der mit einer meisterhaften Sprache – unberührt von politischen und sozialen Kämpfen – die Bedeutung der Aggression in Form des Todestriebs ins rechte Licht rückt:

Für Sigmund Freud, den Vater der Psychoanalyse, ist die menschliche Existenz ein fortwährender Kampf, der sich von der Wiege bis zur Bahre *im Inneren* jedes Menschen abspielt. Der Körper wird zum Schauplatz eines energieraubenden Kräftespiels zweier entgegengesetzter Triebstrebungen – dem Lebenswunsch und dem Todestrieb.

In einer Art »seelischer Hexenküche« wird Energie immer wieder aufs Neue verdrängt, verschoben, projiziert – mitunter auch gebunden oder nach außen abgeleitet. Freud geht davon aus, daß der Kampf um Leben und Tod bereits in der Zelle, als kleinster lebender Einheit, von Geburt an fester Bestandteil des Seins ist. Wie sehen nun die »Großmächte« aus, zwischen denen der lebenslange Kampf bis aufs Messer wogt? Wie lösen sie ihre Konflikte und welche Aufgaben haben Haß und Aggression auf dem Kriegsschauplatz Mensch?

Der lebensbejahende Trieb, auch Ich-Trieb oder Eros genannt, ist von seiner Natur her bestrebt, »die lebende Substanz zu erhalten und sie zu immer größeren Einheiten zusammenzufassen« (Freud, 1930). »Das Ich haßt, verabscheut, verfolgt mit Zerstörungsabsichten alle Objekte, die ihm zur Quelle von Unlustempfindungen werden...« (Freud, 1915).

Der große Gegenspieler dieses menschenfreundlichen Triebes, der ihm im Lebenskampf beisteht und ihm hilft, sich in einer feindlichen Umwelt zu behaupten, ist der Todestrieb, dessen erklärtes Ziel es ist, die lebende Substanz aufzulösen und sie »in den uranfänglichen anorganischen Zustand zurückzuführen« (Freud, 1930).

Freud setzt diesen Todestrieb oft gleich mit dem Destruktionstrieb, der sich als »Aggression« immer dann nach außen entlädt, wenn es dem »Ich« mit Hilfe der Muskulatur gelungen ist, Sieger zu bleiben. Verliert nämlich das Ich den Kampf (mit dem Über-Ich) oder trifft die Aggression auf unüberwindbare Hindernisse in der Außenwelt, so kann sie sich gegen die eigene Person kehren. »Verhinderte Aggression scheint eine schwere Schädigung zu bedeuten; es sieht wirklich so aus, als müßten wir anderes und andere zerstören, um uns nicht selbst zu zerstören...« (Freud, 1938).

Freud, ein eingeschworener Pazifist mit humanistischen Grundideen, konnte und durfte es nicht bei einer derartig pessimistischen »Kriegsberichterstattung« belassen. Er mußte, um nicht zwischen dieser Grundhaltung und seinen Erkenntnissen von der Funktion der menschlichen Psyche zerrissen zu werden, nach Möglichkeiten Ausschau halten, die die menschliche Aggressionslust in ethisch akzeptable Schranken weisen konnte. In seiner Abhandlung »Das Unbehagen in der Kultur« (1930) beschreibt er, wie aggressive Impulse den Mitmenschen gegenüber entschärft werden können, indem sie als übergeordnetes »Gewissen« dem Aggressor Probleme bereiten:

Die Aggression wird introjiziert, verinnerlicht, eigentlich aber dorthin zurückgeschickt, woher sie gekommen ist, also gegen das eigene Ich gewendet. Dort wird sie von einem Anteil des Ichs übernommen, das sich als Über-Ich dem übrigen entgegenstellt und nun als Gewissen gegen das Ich dieselbe Aggressionsbereitschaft ausübt, die das Ich gerne an anderen, fremden Individuen befriedigt hätte. Die Spannung zwischen dem gestrengen Über-Ich und dem unterworfenen Ich heißen wir Schuldbewußtsein; sie äußert sich in Strafbedürfnis.
Die Kultur bewältigt also die gefährliche Aggressionslust des Individuums, indem sie es schwächt, entwaffnet und durch eine Instanz in seinem Inneren, wie durch eine Besatzung in der eroberten Stadt, überwachen läßt.

Freud sieht die Probleme, die sich aus masochistischer Selbstzerstörung und überstarken Schuldgefühlen ergeben, meint jedoch, daß für die Abwendung der nach außen gerichteten Aggression Opfer gebracht werden müßten: »Es ist eine der hygienischen Gefahren, die der Mensch auf seinem Weg zur Kulturentwicklung auf sich nimmt.« (Freud, 1938).

Eine konstruktive Alternative zur Zurückhaltung von Aggression, die – so Freud – »ungesund und krankmachend ist«, besteht in einer Kontrolle des Aggressionstriebes. Der Altmeister der Analyse schlägt vor, diesen Trieb zu mäßigen und ihn im Sinne der Menschheitsentwicklung zu nutzen: »Gebändigt, gleichsam zielgehemmt, muß der Destruktionstrieb . . . dem Ich die Befriedigung seiner Lebensbedürfnisse und die Herrschaft über die Natur verschaffen.« (Freud, 1930).

Der Destruktionstrieb könnte somit der Sicherung des Wohlstands dienen, den Fortschritt unterstützen oder – vom heutigen Standpunkt betrachtet – mithelfen, die Natur vor einem Zuviel an menschlicher Herrschaft zu bewahren und die durch unkritischen Fortschrittsglauben entstandenen Schäden an den natürlichen Kreisläufen zu beseitigen.

Auch an eine Stärkung des Eros, der als natürlicher Gegner des

Todes- oder Aggressionstriebes angesehen wird, denkt Freud. In einer Antwort auf einen Brief Albert Einsteins zum Thema »Warum Krieg« (1933) appelliert er an die Macht der Gefühle: »Wenn die Bereitwilligkeit zum Krieg ein Ausfluß des Destruktionstriebes ist, so liegt nahe, gegen sie den Gegenspieler dieses Triebes, den Eros, anzurufen. Alles, was Gefühlsbindungen unter den Menschen herstellt, muß dem Krieg entgegenwirken.« (Freud, 1933).

Als Ergänzung zu diesem Plädoyer für »vertrauensbildende Maßnahmen«, wie sie ja auch von Politikern immer wieder beschworen werden, greift Freud, etwas entschuldigend, auf das biblische Gebot der Nächstenliebe zurück. Er schreibt: »Die Psychoanalyse braucht sich nicht zu schämen, wenn sie hier von Liebe spricht, denn die Religion sagt dasselbe: Liebe Deinen Nächsten wie Dich selbst. Das ist nun leicht gefordert, aber schwer zu erfüllen . . .« (Freud, 1933).

Wenn wir die vielfältigen seelischen Attacken, Überfälle und Manöver in Freuds Schriften ansehen, taucht vielleicht die Frage auf, mit welcher Zielsetzung und nach welchen Spielregeln hier zeitlebens die Waffen gekreuzt werden. Freud gibt darauf immer dieselbe Antwort: Es geht in allen »Waffengängen« darum, Spannungen auszuräumen bzw. die aufkommende seelische Erregung auf ein Minimum oder gar auf Null zu reduzieren (= Nirwanaprinzip). Dahinter steht die Auffassung, daß der Mensch erkrankt oder ein seelisches Trauma erleidet, wenn bestimmte Erlebnisse, Gedanken oder Sinneserfahrungen nicht so verarbeitet werden können, daß sein Organismus zur Ruhe kommt.

Erich Fromm, einer der bekanntesten Schüler und Kritiker Freuds, widerspricht diesem Prinzip der Spannungsreduktion als einziger Zielsetzung der seelischen Vorgänge. Er wirft Freud vor, sich zu sehr auf physiologische Erkenntnisse versteift und sich nicht vom deutschen mechanischen Materialismus gelöst zu haben: Jeder könne erkennen, so Fromm, daß »der Mensch in allen Altersstufen nach Erregung, Stimulation und nach Beziehungen der Liebe und Freundschaft suchend bestrebt ist.« Kurz gesagt: »Der Mensch ist offenbar ebensosehr vom Prinzip der

24

Spannungssteigerung als von dem der Spannungsreduktion motiviert« (Fromm, 1977, S. 531).

Auch andere Forscher und Therapeuten lehnen Freuds allgemeines Erklärungsprinzip als zu einfach ab. So wurde beispielsweise der »Homöostasebegriff« in die Diskussion eingebracht (Cannon, 1963). Danach hat jedes Individuum die Tendenz, ein relativ stabiles inneres System zu entwickeln – das jedoch nicht ausschließlich dazu neigt, die Energie auf ein Minimum zu beschränken. Gegen die Spannungsreduktion als alleinige Zielsetzung menschlichen Denkens, Fühlens und Handelns wendet sich auch Fritz Perls, ebenfalls ein Schüler Freuds und später Begründer der Gestalttherapie, die der Psychoanalyse in vielen Punkten außerordentlich kritisch gegenübersteht:

Im Mittelpunkt steht die Theorie, der Organismus strebe nach der Aufrechterhaltung eines Gleichgewichts, das durch seine Bedürfnisse fortwährend gestört und durch ihre Befriedigung oder Beseitigung wiedergewonnen wird. (Perls, 1944, S. 13)

Demnach ist das Ziel therapeutischen Bemühens in der (Wieder-) Herstellung eines gesunden *seelischen Stoffwechsel-Zyklus* zu sehen, durch den die sich ständig wiederholenden Bedürfnisse nach Kontakt und Rückzug Befriedigung erfahren können. Ein funktionierender Zyklus führt zur Steigerung von Lebendigkeit, Kraft und Vitalität, während eine fortwährend blockierte Spirale sowohl Kontakt als auch Rückzug vermeidet und zwangsläufig zu Gereiztheit, Ärger, Wut, Depressivität oder Aggression führen muß.

Unsere moderne Konsum- und Leistungsgesellschaft fördert geradezu die Entstehung solcher ungesunden seelischen Kreisläufe. Sie ist mit ihren Haben-orientierten Werten indirekt und direkt mitverantwortlich, wenn das seelische Gleichgewicht bei immer mehr Menschen umkippt und der Ruf nach mehr Staat, mehr Autorität und Ordnung immer lauter wird.

2 Unsere tägliche Herausforderung

Alle Anzeichen deuten darauf hin, daß hete-
ronomes Eingreifen in die Wachstumspro-
zesse des Kindes und des Erwachsenen die
tiefste Ursache geistig-seelischer Störun-
gen, speziell der Destruktivität ist.

Erich Fromm (1979)

Die seelische Eiszeit

Friedhofsstille zu ordern, darin lag des Oberlehrers Einzigartigkeit. Nun sind Geräusche zwangsläufig Bestandteile des Schulalltags: Ein Knabe verrechnet sich beim Vorrechnen an der Tafel. Im Bestreben, es besser zu bewerkstelligen, werden einige unumgänglich versucht sein, ihr Besserwissen der zuständigen amtlichen Stelle kundzutun, um ihren Reibach zu machen... Solchen Momenten ist nicht mit der Bitte, es möge doch Ruhe eintreten, beizukommen – zu vielfältig sind die Absichten des Schülermaterials. Jetzt spitzt sich der Zeitpunkt zu, wo der gewöhnliche Vorsteher resigniert die Fäuste locker ballt und auf den Lerneifer der Untergebenen verweist, damit sein offensichtliches Versagen ins Gegenteil verkehrt werde. Einer solch billigen Art der Seelentröstung bedurfte ein Krajewski keinesfalls; er plusterte ganz einfach das Lippengefieder, säuberte räuspernd die Stimmbänder und zückte, Nägel mit Köpfen hämmernd, sein Simsalabim hervor:
»Willensschulung!«
Fast schmerzte die Ruhe, die augenblicklich den Gehörgang zuschüttete. Abgeworfen war die Zentnerbombe, und sie räkelte sich inmitten des Raumes; ihr Zünder tickte... Wer den Finger in der Nase hatte, mußte ihn drinlassen; traf jemand Anstalten zu niesen, würde er bald in einem Schwitzbad sitzen.
Mucksmäuschenstille.
Offene Gähnmäuler boten tiefe, unappetitliche Aussichten feil. Totenlähmung überall.
Den Spielregeln gemäß hatte es eine Mattsetzung zur Folge, auch nur den Ansatz eines (Atem-)Geräusches von sich zu geben, Schnupfenkranke einbezogen. Eine Gesetzesübertretung kostete, der Schwere des Vergehens angemessen, oftmaliges Schönabschreiben der berüchtigten Seite vierundachtzig des Lesebuchs (Seite vierundachtzig war die dichtbeschriftetste Seite dieses Unterrichtswerks) oder samstagnachmittäglichen verschärften Schularrest, der vom Lehrkörper insofern

sinnvoll genutzt wurde, daß er sämtliche Kenntnisse der Sträflinge prüfte und benotete. ... Spätestens nach einer Minute juckt die Kopfhaut, kitzeln Hornissen unter der rauhen Pulloverwolle Mark und Bein, rumoren Gedärme durchfallverdächtig. Es brennt die Netzhaut, feurig gepiekst, und möchte vom Lid ummäntelt sein. Husten reizt. Sand im Getriebe der Zeit; zurückgestemmt wird der Uhrzeiger und nicht vorwärts. Aufsässig stöckelt eine Eintagsfliege das Fensterglas empor – horcht nun neugierig und ist Teil der Mumienlandschaft geworden ...
»Fünf ... vier ... drei ... zwei ... anderthalb ... eins ... Ende!«, schreit der Oberlehrer und seine rechte Faust schmettert.
...
Erst zwei Minutentage Willensschulung höchstens. Da rutscht irgend etwas! Ein Stuhl schaukelt und quietscht. Draußen auf dem Flur? Anders kann es doch gar nicht sein. Scharren dröhnt bedrohlich nahe. »Nein, nein, ich will nicht mehr!«, schreit einer. Wenige sehen, wie Brunno Mölldärs die Hände schützend über dem Scheitel gefaltet hat. Echos prallen; zersägen Glas; spuken durch die Luftleere der Willensschulung; beißen Narben. Niemand hat es vernommen – alles ist ruhig – jeder ist Stein – und Mölldärs hat in Führung »Sehr Gut« – »Auf-hö-ren!«, trommelt eine Pauke den Walzertakt. Brunnos Gesicht schult unverändert; aber sein Mund, seine Handknochen lassen den Zweiflern keine Chance. Oder doch eine Sinnestäuschung – überreizte Nerven? »Auf-hö-ren!«
Brunno Mölldärs, bärenstark, ist übergeschnappt – woher die Festigkeit seiner Stimme? –, aber nicht mehr allein. Bocks ist in den Ruderschlag eingestimmt ... zögernd folgt jetzt Kohnen, erst andeutungsweise; es gewinnt letztlich die Eifersucht, Mölldärs, der feigen Ratte, den Thron abtreten zu müssen ... Das ist allen das Signal zu desertieren!
»Auf-hö-ren!!!«
Wer kann dieses Kanonenstakkato bremsen.
Brüllen trommelt, Trommeln brüllt. Disziplinierte Soldaten erschießen ihren obersten Feldherren im Gleichklang ...
(Aus: Dietmar Sous: Glasdreck, S. 37–39 und 42/43.)

Für mich signalisiert Brunnos Protest Hoffnung. Lähmungserscheinungen, Stillhalten, Kopfeinziehen sind nur Zwischenstationen, die wir alle von Zeit zu Zeit durchmachen müssen. Dann aber gibt es kein Halten mehr. Die natürliche Reaktion frißt sich durch die vielen übereinanderliegenden Schichten einer starren Erziehung. Der Protest sucht sich den Weg aus dem Gefühlsgefängnis.

Die Zitate aus dem Roman »Glasdreck« von Dietmar Sous beschreiben Gewalt, Lähmungserscheinungen, Aufruhr und – den Sieg des Lebendigen. Stillhalten, Mundhalten, Augen-gera-deaus-Richten sind Erkennungszeichen von Gesellschaften, die kurz davor stehen, »umzukippen«, wie Ökologen es bezeichnen würden. Leichenstarre wird allenthalben mit Stabilität verwechselt. Wo immer ein unkonformes Pflänzchen grünt, liegt gleich ein Hammer bereit, zuzuschlagen.

Auch wir befinden uns in einer Art seelischer Eiszeit. Wer noch einen Rest an Lebendigkeit und Autonomie bewahrt hat, muß sich dick panzern, um nicht an Gefühlskälte zu krepieren. Selbst die Aggressionen, die in dieser Winterlandschaft trotz ihrer Gefährlichkeit noch den einen oder anderen kurzzeitig erwärmen konnten, werden in Watte gepackt. Es gilt anscheinend, jede Form von Energie zu sparen. »Packen wir's an!« (Esso-Werbung).

»Packen wir's an«, dachte auch ich, als ich mich entschloß, meinen Klienten für unbestimmte Zeit Lebewohl zu sagen und meinen Arbeitsplatz ins sonnenwärmere Italien zu verlegen. Etwa zehn Jahre lang war ich als Therapeut bemüht, mich gegen die Erstarrung der Berufsroutine zu wehren und mich nicht von dem Bazillus der Hoffnungslosigkeit, Angst und Unlebendigkeit meiner Klienten anstecken zu lassen. Hinzu kam der Überdruß an der »Willensschulung« einer privatwirtschaftlichen Institution, die mich lehrte, Sach-(sprich: Geld-)Zwängen und Besitzwünschen zumindest einen ebenso hohen Stellenwert einzuräumen wie den Bedürfnissen der Hilfsbedürftigen.

Ganz ungeschoren bin ich nicht davongekommen: Immer wieder ertappe ich mich dabei, wie ich Langeweile und Routine der Lebendigkeit und Erregung vorziehe. In der Regel tue ich dies aus Gewohnheit, manchmal aber auch aus einem schwer zu durchschauenden Sicherheitsdenken heraus. Daß selbst ich, der ich durch eine intensive langjährige Ausbildung geschult bin, mein Augenmerk auf das Lebendige, Energieträchtige, Farbige zu legen, von Zeit zu Zeit immer noch starre oder lineare Entwicklungslinien bevorzuge, anstatt mich an lebendige Spiralen anzukoppeln, verwundert mich immer wieder aufs neue. Es schützt mich nicht vor der Ungeduld, die ich zunehmend gegenüber anderen »Auf-der-Stelle-Tretern« und »Langweilern« verspüre.

Über die einzelnen Stadien der menschlichen Entwicklung gibt es Berge von Büchern. Ich meine damit nicht Publikationen zur Evolution vom Neandertaler zum Homo sapiens, sondern die Flut entwicklungspsychologischer Literatur. Vor allem die kindliche Entwicklung in den ersten Lebensjahren wird unter die Lupe genommen: Da gibt es Längs- und Querschnittstudien, Phasentheorien und Entwicklungstests. Eltern-Kind-Interaktionen werden analysiert, Intelligenz- und Entwicklungsquotienten bis auf eine Stelle hinter dem Komma berechnet und Korrelationen zwischen frühkindlichem Neugierverhalten und späterer Schulleistung aufgestellt.

Erstaunlich ist nur, daß die meisten dieser wissenschaftlichen Werke das seelische und soziale Wachstum nur bis zum Beginn der Pubertät verfolgen. Die menschliche Entwicklung ist beim Eintritt ins Erwachsenenalter für die meisten Entwicklungspsychologen gelaufen – daß auch was danach kommt, von Interesse ist, dämmert einigen Entwicklungspsychologen erst in jüngster Zeit. So gibt es eine Entwicklungspsychologie für Erwachsene, also die Beantwortung der Frage, warum sich manche Menschen ihr Leben lang im Kreis bewegen und andere sich ständig weiterentwickeln und wie sie dies tun, gibt es erst in ganz bescheidenem Umfang. Am ehesten findet man eine Antwort, wenn man sich die Standardwerke einzelner therapeutischer Schulen zu Gemüte führt. Dort läßt sich oft in »Spiegelschrift« aus der Beschreibung seelischer Störungen und aus den Therapiezielen die intendierte, wünschenswerte Persönlichkeitsentwicklung ablesen.

Vor allem die humanistischen Therapieschulen (Klientenzentrierte Psychotherapie, Gestalttherapie, Transpersonale Therapie, Transaktionsanalyse, Neuentscheidungstherapie) machen deutlich, was sie unter persönlichem Wachsen verstehen. Für sie gibt es eine lebenslange Entwicklung, die bei der Geburt beginnt und erst nach dem Sterben aufhört.

Beispielhaft für die Humanistische Psychologie möchte ich hier die Therapieziele von Joseph Zinker (1978) anführen, die für die Persönlichkeitsentwicklung im Erwachsenenalter von Bedeutung sein können. Der Gestalt-Therapeut Zinker hofft, daß seine Klienten allmählich

- eine wache Bewußtheit ihrer Person, d. h. gegenüber ihrem Körper, ihren Gefühlen und ihrer Umgebung erlangen;
- lernen, Verantwortung für ihr Leben zu übernehmen – anstatt diese auf andere zu übertragen;
- Bewußtheit gegenüber ihren eigentlichen Bedürfnissen entwickeln und Fertigkeiten erwerben, diese zu befriedigen – ohne dabei andere zu verletzen;
- ihre Empfindungen unverzerrt wahrnehmen und genauer riechen, schmecken, berühren, hören und sehen können;
- ihre Kraft und Stärke wachsen spüren und die Fähigkeit entwickeln, sich zu unterstützen – anstatt sich zu beklagen, andere schlecht zu machen oder Schuldige suchen zu müssen;
- empfindsam gegenüber anderen Lebewesen und der anorganischen Umwelt zu sein – aber sich auch selbst zu schützen wissen in Situationen, die potentiell destruktiv oder gar »vergiftend« sind;
- lernen, Verantwortung für ihre Erfahrungen, ihr Handeln und die daraus resultierenden Folgen zu übernehmen;
- mehr zu ihren Träumen und Phantasien stehen und lernen, sich wohl zu fühlen, wenn sie anderen darüber berichten.

Im Laufe der Therapie kann der Klient zu seiner Kraft/Energie stehen und sich wohl dabei fühlen, wenn er sie nutzt. Er kann auch zu widersprüchlichen Empfindungen stehen, die er bei sich entdeckt, und sie als Teil seiner Gesamtpersönlichkeit annehmen. Dabei vergewaltigt er nicht sich selbst oder spaltet sich in Unterpersönlichkeiten auf, um bestimmte Situationen bewältigen zu können. Sein Bemühen besteht darin, ganzheitlich, d. h. unter Einbeziehung von Körper, Gefühl und Denken, zu empfinden und zu handeln.

Die Annäherung an derartige Ziele – also das persönliche Wachstum – erfolgt weder in der Therapie noch im realen Leben ganz geradlinig. Wie wohl jeder aus eigener Erfahrung weiß, gehen Entwicklungen oft sprunghaft vor sich. Und sie gehen nicht immer in eine Richtung: schon gar nicht immer nach vorn, in Richtung des angestrebten Idealbildes. Manchmal verhält es sich dabei wie bei einer Springprozession; erst zwei Schritte nach vorn, dann einen zurück.

> Der Bach fließt nicht geradeaus, sondern in Mäandern. Der kürzeste Weg ist der Umweg – sagt ein chinesisches Sprichwort. Das Leben erreicht oft eine unglaubliche Präzision . . . aber es erreicht sie durch »unpräzise« Methoden des Kreiselns, Tastens, Oszillierens.
> (Aus: Dieter Duhm: Aufbruch zur Neuen Kultur, S. 57)

Entwicklungsprozesse sind nie ganz schmerzfrei. Diese Illusion hat schon manchen dazu gebracht, schnell wieder ins warme Nest zurückzukehren und künftig darauf zu verzichten, sich dem rauhen Wind neuer Erfahrungen auszusetzen. Nicht selten sind es gerade diese schmerzhaften Erlebnisse, die uns zwingen, Bilanz zu ziehen: Analog dem Impfserum, das den Körper schwächt, um ihn gegen größere Virusattacken zu immunisieren, helfen bedrükkende seelische Erfahrungen mit, uns auf Erlebnisse vorzubereiten, die uns existentiell aus dem Gleichgewicht werfen könnten. Glücklicherweise, so möchte ich sagen, funktioniert der Mensch nicht nach linearen Gesetzen – auch wenn bestimmte Vertreter der Lerntheorie oder Verhaltenstherapie gewünschte Veränderungen des Fühlens oder Handelns meinen vorhersagen zu können und sich dabei auf eine Fülle lerntheoretischer Gesetzmäßigkeiten berufen.

Für mich ist es immer wieder überraschend, wenn ich an mir selbst oder anderen Menschen miterleben kann, wie wenig vorhersehbar ist und welch tiefe Weisheiten in uns versteckt liegen, die trotz massiver Beeinflussungsversuche durch uns selbst oder durch Druck von außen nicht ausgelöscht werden konnten.

Ein Beispiel:
Eine etwa 40jährige Frau, schwarz gekleidet, zurückhaltend und unsicher, schildert vorsichtig in einer Therapiegruppe einen sehr belastenden Traum:

»... unter mir Stromschnellen, ein lehmiger Fluß, der über die Ufer getreten ist und alles mitreißt. Die Hängebrücke, auf der ich stehe, ist größtenteils zerstört. Ich halte mich mit beiden Händen an einem Stück Holz fest. Es gibt keine Rettung mehr...«

Auf meine Bitte, das Holz intensiv zu spüren und genau zu betrachten, reagiert sie mit Schluchzen. Ihr Körper zittert. Ich ermutige sie, sich dem Zittern zu überlassen und das zu tun, was aus ihrem Körper kommt.
Das Schluchzen kommt jetzt aus ihrem Innersten, ihre Stimme wird lauter, ihr Atem heftiger. Alles an ihr bebt. Sie nickt mit dem Kopf: »Ja, ja, ja«.
Als sie allmählich ruhiger wird und mehrere Male tief durchgeatmet hat, erklärt sie dieses Nicken:

»Ich habe plötzlich ganz intensiv gespürt, was es mit dem Holz in meinem Traum auf sich hat. Ich habe gemerkt, daß dieses Stück Holz lebt, daß es atmet. Ich habe seinen Duft gerochen; habe die Stärke gefühlt, die in ihm ist. Die Farbe der Rinde, die vielen einzelnen Fasern, die Kraft und Beweglichkeit zugleich.«

Sie berichtete über den Lebensmut, den sie bei ihren häufigen Spaziergängen durch die Wälder der Umgebung wachsen spürt und erinnert sich lebhaft daran, wie sie als Kind Trost und Verständnis erfahren hat, wenn sie nach Auseinandersetzungen mit ihren Eltern in Waldverstecken Zuflucht suchte.
Während sie die Qualitäten dieses Holzes beschreibt, wird sie gelöster, ja geradezu freudig. Alle in der Gruppe spüren, wie ihre Ausstrahlung wächst, wie sie an Kontur gewinnt – wie Druck, Angst und Beklemmung abfallen.
Spontan geht eine jüngere Frau auf sie zu und umarmt sie: »Du hast mir aus der Seele gesprochen. Ich fühle mich Dir ganz nah. Danke.«
Noch während der Schilderung des bedrohlichen Traums war die

Verwandlung dieser bedrückt wirkenden Frau in eine anmutige, kräftige und beeindruckende »Gestalt« für keinen der Anwesenden vorstellbar gewesen. Ihr Körper und ihr Traum »wußten« mehr, als jeder ahnte. Das Holz enthielt *alle* die Qualitäten, die ihr zu einer »guten Gestalt« fehlten. Der Körper – und nicht der Kopf – reagierte und half mit, den persönlichen Entwicklungsprozeß ein Stück weiterzubringen.

Die Bedeutung des geheimen oder Körperwissens war lange Zeit von der wissenschaftlichen Psychologie übersehen worden. Erst Wilhelm Reich, Fritz Perls und später Alexander Lowen sowie Eugene Gendlin machten darauf aufmerksam, daß Lernen und Entwicklung immer ganzheitlich, das heißt, unter Berücksichtigung des Körpers, vor sich gehen.

Das persönliche Wachstum folgt – ähnlich wie die Natur im Wechsel der Jahreszeiten – einem inneren Code. Selbstverständlich ist dieser Code nicht für alle Menschen gleich, sondern abhängig von Umwelteinflüssen, vererbten Dispositionen und der Summe der bisherigen Erfahrungen. Die Grundbausteine dieses Prozesses scheinen allerdings einander zu ähneln: Die Entwicklung erfolgt in spiralförmigen Zyklen, vom *Ruhezustand* über *Energetisierung* und *Kontakt* bis hin zum *Rückzug* aus der Nähe. Es folgen Distanzierung, *Ruhezustand* und erneute Kontaktsuche auf Grund von inneren und äußeren Störungen sowie durch Neugier und Interesse.

Ohne Kontakt, ohne Austausch mit seiner Umgebung kann der Mensch nicht leben. Ohne die Möglichkeit des Rückzugs wird sein »Ökosystem«, seine Selbstregulation, außer Kraft gesetzt. Im Kontakt mit unserer organischen und anorganischen Umwelt holen wir uns, was wir brauchen (z. B. Liebe, Anerkennung, Nahrung, Werkzeuge), und geben gleichzeitig zurück, was die Umwelt von uns benötigt. Wir sind zeitweise eng angekoppelt und zu anderen Zeiten wiederum relativ autonom – vergleichbar einem sprießenden Baum im Frühling oder einer Fledermaus im Winterschlaf.

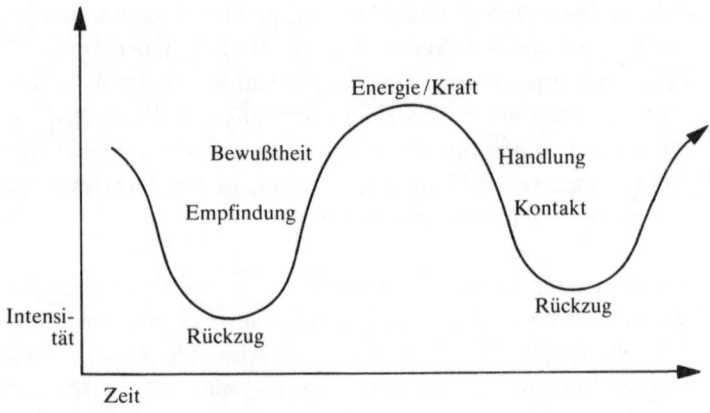

Spiralförmige Entwicklungszyklen

»Stoffwechselstörungen« der menschlichen Natur: Stau und Frust

Wird dieser »seelische Stoffwechsel« zwischen Organismus und Welt ständig gestört oder gar durch Barrieren blockiert, so gelingt es uns nicht, unser seelisches Gleichgewicht aufrechtzuerhalten. Wir fühlen uns unbefriedigt, gereizt und neigen dazu, auf jede neu hinzukommende Störung aggressiv zu reagieren. Manchmal lassen wir uns sogar verleiten, mit »Kanonen auf Spatzen zu schießen«; das heißt, wir reagieren unverhältnismäßig mit der Gesamtheit der angesammelten Frustrationen. »Dieser Stoffwechsel wird gestört, sobald ein Zyklus an irgendeiner Stelle unterbrochen wird, genau wie ein elektrischer Stromkreis an beliebiger Stelle unterbrochen werden kann. Der Kontakt kann in der Leitung, in den Schaltern oder in der elektrischen Birne unterbrochen werden.« (Perls, 1978)

Hinzuzufügen wäre noch, daß der Strom zentral in der Leitstelle eines Wasser-, Kohle- oder Atomkraftwerks abgeschaltet werden kann, und daß die Art der Unterbrechung entweder zufällig sein, auf veralteten und defekten Leitungen beruhen oder willkürlich

34

erfolgen kann. Das letztere impliziert, daß es bestimmten Interessengruppen gelegen kommen könnte, das gesamte System der – seelischen – Energieversorgung lahmzulegen und damit Panik, Hilflosigkeit, Ohnmacht oder aggressive Dauerspannung zu erzeugen.

Bevor ich die wesentlichsten Störungen des »seelischen Stoffwechsels« genauer beschreibe und das damit verbundene Ansteigen von Ärger, Wut und Aggression verdeutliche, möchte ich noch auf folgendes hinweisen:

● Nicht nur beim einzelnen Menschen sind Entwicklungsprozesse, genauer gesagt, ist sein »seelischer Stoffwechsel«, in zunehmendem Maße gestört und aus dem Gleichgewicht geraten.

● Auch das Gleichgewicht der Natur ist instabil und vielfach bereits so tiefgreifend verändert, daß es nur noch künstlich am Leben gehalten werden kann.

● Das gleiche gilt für die heutige Wirtschaftsform. Nach einem Gutachten des Umweltbundesamtes aus dem Jahre 1982 ist sie nicht im ökologischen Gleichgewicht:

Sie stellt eine lineare Verbrauchswirtschaft dar, die in immer stärkerem Maße Rohstoffe verbraucht, Boden und Landschaft ausbeutet und ihre Abfallstoffe weder zurückführt, noch im Sinne eines Ökosystems stabilisierend einbindet ... Kurzfristig wirtschaftliches Denken vernachlässigt alle Folgekosten ... Lineare Fortschrittsgläubigkeit ist gegen ökologisches Gleichgewichtsdenken einzutauschen.

● Gestört und nicht im Gleichgewicht ist auch der »Stoffwechsel« zwischen Menschen, Menschengruppen, zwischen Mehrheiten und Minderheiten/»Randgruppen« und zwischen den Völkern.

Unsere Gesellschaft steckt im Stau: Umleitungsschilder, Stop-and-Go, mit Blei angereicherte Auspuffluft, eingeschlossene Familie mit Klimaanlage, nervöses Gezanke, dumpfe Wut, blitzschnell in die Lücke stoßen, Gehupe, Karambolagen, der Krankenwagen kommt, Blaulicht und Sirenengeheul.
Eine Gesellschaft, in der es schwer ist, unbehindert von physi-

scher und seelischer Einklemmung seinen Weg zu gehen. Immer wieder stoßen wir an Unorganisches. Wir müssen beim Warten sogar damit rechnen, daß uns Eis, heiße Würstchen oder ADAC-Stauberater angeboten werden.

Eine Konsumgesellschaft also, überzogen von einem Netz von Lebenshilfe-Institutionen, die besänftigen und das Stau-Gefühl herunterspielen sollen. Zigaretten, Schokolade, Leistungsprämien, Beruhigungspillen sowie Pillen für »davor« und »danach« liegen griffbereit in der Aussparung des Armaturenbretts.

Selbstverständlich können wir uns bewegen, wohin wir wollen. Nur ist der eine Weg eine Einbahnstraße, der andere mit einem Verbotsschild versehen und der dritte führt geradewegs zurück in die fünfziger Jahre. Demonstrationsrecht ja. Aber mit kleinen, nicht unbedeutenden Einschränkungen.

Der alte Marcuse steht in einer Häusernische und preist lautstark seine »Kritik der reinen Toleranz« an. Der Verkehr geht an ihm vorbei. Hier ist es erlaubt, einmal kurz zu beschleunigen.

Zwischen westlichen und östlichen Industriegesellschaften gibt es in einem Punkt kaum Unterschiede: Der große Frust hat Einzug gehalten, der Massenrückzug in Schrebergärten, Landleben am Wochenende, ins Private. Dort rechnen sich viele noch eine Chance aus. Sie hoffen auf ein natürlicheres, ein menschlicheres Umgehen miteinander – auf eine Alternative zu kaputten Werten.

Frustration, das »Erlebnis der Vereitelung und Nichterfüllung« ist das Schlagwort der letzten 10 bis 20 Jahre. Es gibt niemanden, der die aufsteigende unangenehme Erregung, die eine natürliche Folge jeder Zielvereitelung ist, nicht kennt. Und je starrer, unbeweglicher, dogmatischer wir in einem bestimmten Punkt sind, desto häufiger und schmerzhafter schlägt der Frust zu. Es ist dann jedesmal ein schwerer Eingriff in unser inneres Gleichgewichtssystem. Die Zahl der Narben wächst mit fortschreitendem Alter und die eingefahrenen Vermeidensstrategien verhärten Herzkranzgefäße und lassen die Arterien verkalken.

Die *peripheren Frustrationen* sind der Preis, den viele von uns der technischen Entwicklung und dem Wirtschaftswachstum zu zahlen bereit sind.

Dazu möchte ich u. a. zählen: Verkehrslärm, das Warten vor der roten Ampel, das Kolonnenfahren, die Stempeluhr, die festen Arbeitszeiten und Arbeitsabläufe, die wochenlang vorgeplanten Abendtermine, überfüllte Hotels und Strände im Süden, das Sich-Nicht-Grüßen und Nicht-Sehen auf der Straße oder in der Bahn, verletzte Höflichkeitserwartungen, ungültige Verhaltensregeln, durchs Telefon unterbrochene Gedankengänge.

Diese Aufzählung ließe sich endlos fortsetzen. Da alles auf dieser Welt begrenzt ist, gibt es nichts und niemanden, das oder der nicht einmal an seine Grenzen stieße und frustrierende Empfindungen zurückließe. Zielvereitelungen, Enttäuschungen, Grenzen hat es auf dieser Welt schon immer gegeben. Aber haben Menschen je solch eine geballte Ladung unbefriedigter Impulse verarbeiten müssen wie in der heutigen Zeit?

Es würde sich lohnen, einmal eine Strichliste zu führen und all das aufzulisten, was uns heutzutage von morgens bis abends in die Quere kommt. Unablässig sind viele von uns damit beschäftigt, zerbrochenes Glas zu beseitigen und sich für die nächste frustrierende Situation vorzubereiten.

Nicht umsonst wird eine bestimmte Persönlichkeitseigenschaft immer wichtiger und gibt z. B. den Ausschlag, wenn mehrere, fachlich gleichwertige Bewerber um ein und dieselbe Stelle einander gegenüberstehen. Dieses »Gegengift« heißt: Frustrationstoleranz: die Fähigkeit, sich durch widrige Umstände nicht aus der Bahn werfen zu lassen und sich über nichts aufzuregen. Der Plastikmensch ist gefragt. Geflissentlich wie ein Roboter seine Arbeit tun, sich nicht zu entrüsten, sondern sich mit Elefantenhaut zu panzern, ist die Forderung der Zeit. Und die des Wirtschaftssystems, möchte man hinzufügen. Der Arbeitnehmer muß hart im Nehmen sein und der Abteilungsleiter darf sich gegenüber den Mitarbeitern nicht von Sentimentalitäten leiten lassen.

Lange kann es mit Runterschlucken und Stillhalten nicht mehr weitergehen. Die Wälder sind in ihrer Regenerierungsfähigkeit allmählich erschöpft. Sie können zusätzliche Belastungen nicht mehr aushalten. Viele Tierarten kämpfen ums Überleben. Sie geben ihre angestammten Reviere auf und versuchen, sich mit einer unnatürlichen Umwelt zu arrangieren.

Auch der Mensch wird, trotz seiner enormen Anpassungsfähigkeit, immer störanfälliger. Seine Zellen wuchern wie beim Krebs entgegen den natürlichen Bauplänen. Die Seelenlandschaften gleichen immer mehr den Neubauvierteln und Trabantenstädten. Die Einsamkeit nimmt zu, narzißtische Kontaktstörungen und aggressive Übergriffe häufen sich. Viele von uns sind bereits im Kern angegriffen. Ähnlich den Tannen, die von innen heraus faulen. Wir müssen nicht nur periphere Frustrationen verarbeiten, sondern werden zunehmend Opfer eines Raubbaus zentraler menschlicher Bedürfnisse und Werthaltungen.

Die *Frustration im Kern des Menschen* ist Folge von Manipulationen, Unterbrechungen, Bestrafungen und seelischen Einengungsversuchen, die den inneren Rhythmus organischen Lebens betreffen. Es handelt sich um Eingriffe, die uns einen artfremden Tonus schmackhaft machen wollen. Das Pflanzen, Tieren und Menschen eigene Prinzip des Öffnens und Schließens, des menschlichen Kontakts mit der Umwelt und des Rückzugs auf sich selbst, soll verändert werden.

Bildhaft ausgedrückt, handelt es sich um eine Bedrohung des elementaren Lebensrhythmus, des Wechsels von Ein- und Ausatem, von Muskelkontraktion und Entspannung. Ungesund sind nicht nur größtenteils unsere Nahrungsmittel, sondern auch die seelische Nahrung – kraftspendende Werte und unerläßliche Gefühle – wird gestreckt und mit künstlichen »Mineralien« angereichert – die Pulverisierung des pulsierenden Lebens!

Bild- und Tonkonserven, in Massenproduktion vom Fließband gelaufen, sollen Ruhe und Entspannung möglich machen. Sie sind aber auch geeignet, die Herzen schneller schlagen zu lassen: Sex & Crime, Aktionfilme, Horrorstreifen und lebensechte Familiendramen schaffen es, Adrenalin, Hydrocortison

Wegen Radl: Bub tötete 8jährigen

Täter (16) warf die Leiche in einen Schacht

hei. Düsseldorf – Sein neues, chromblitzendes Radl kostete einem achtjährigen Schüler – Sohn italienischer Eltern – in Düsseldorf das Leben. Dem 16jährigen Kai S. gefiel es so sehr, daß er den kleinen Marco im Keller eines Wohnblocks tötete und den leblosen Körper an einem Strick aufhängte, um Selbstmord vorzutäuschen. Doch dann bekam Kai Gewissensbisse und schnitt den toten Buben wieder ab und steckte ihn in einen mit Regenwasser gefüllten Schacht. Nach der grausigen Tat fuhr der Mörder seelenruhig mit dem begehrten Radl seines Opfers spazieren.

Dabei wurde er gesehen und machte verdächtige Äußerungen gegenüber einem Freund der Italiener-Familie. Daraufhin nahm sich die Kripo den Buben vor. Kai S. gestand und führte die Beamten zu dem Schacht, wo er die Leiche des kleinen Marco versteckt hatte.

Elizabeths Einbrecher singt jetzt „God save the Queen"

London (AZ) – Michael Fagan, weltberühmt geworden durch seinen nächtlichen Besuch im Schlafzimmer von

Die tägliche Gewalt-Meldung (AZ München, 1983).

und Noradrenalin in kürzester Zeit zu produzieren und beim Medien-Konsumenten einen kurzen Gaumen- oder Nervenkitzel auszulösen.

Von innen heraus kommt – außer gelegentlichen Wutausbrüchen – kaum noch etwas. Die Lehrer können ein Lied davon singen, wie bereits die 10- bis 14jährigen unter der Unfähigkeit zur Eigenmotivation leiden. Es fehlt die Energie, genau hinzusehen, genau zu benennen, das Ergriffenwerden, die Freude oder Empörung; die Fähigkeit, »zu Potte zu kommen« – wie man in Norddeutschland sagt.

Der gesamte »Bedürfniszyklus« oder natürliche Prozeßverlauf ist gestört. Er ist an vielen Stellen unterbrochen. Eine unangenehme Erregung – die natürliche Begleiterscheinung ständiger Frustrationen – ist oft das einzige Grundgefühl.

Aber es ist nicht die »verwöhnte Jugend«, die wir heranziehen

39

sollten, wenn wir die Ursachen einer derartigen Entwicklung untersuchen. Vielmehr muß die Analyse die Werte dieser Gesellschaft aufs Korn nehmen und sie kritisch darauf abklopfen, in wessen Dienst sie stehen. Stehen sie im Dienst des Geldes, das im Lauf der Entwicklung schon viel Organisches und Anorganisches vernichtet hat, oder sind es die Prinzipien einer Marktwirtschaft, die sich zum Ziel gesetzt hat, Wachstum um jeden Preis zu erreichen? Vor allem um den Preis einer Unmenge von Frustrationen, die sich von der Oberfläche bis hinein in den menschlichen Kern erstrecken.

Die Folge der körperlichen Begleiterscheinungen dieses alltäglichen Bombenteppichs ist die Zerstörung unserer Identität. Wir sind uns selbst fremd und verlieren auch das Gefühl für Erde, Wind, Sonne, Regen – für Pflanzen und Tiere.

Vielleicht ist dies die Endphase einer Entwicklung, die auf Profit, Konkurrenz, Haben, Konsum, Machtzentralisierung, Massenproduktion, Kurzzeitprodukte und egoistischen Individualismus gegründet ist: eine frustrierte Gesellschaft mit in sich zerrissenen Menschen.

Möglicherweise ist hier aber auch schon der Anfang für eine Entwicklung, die im Ärger und Betroffensein über diese Zustände den Keim für nachindustrielle Werte bereithält: materielle Genügsamkeit, seelisches Wachstum, einfache Lebensumwelten, Dezentralisierung, kooperativen Individualismus, Natur- und Pflanzenschutz, usw.?

Wahrscheinlich kommt es darauf an, wie wir diese unangenehme Erregung, dieses Gefühl der Unzufriedenheit, diese innere Dauerspannung verarbeiten: Halten wir sie im Körper fest, so werden die seelischen und psychosomatischen Erkrankungen zunehmen. Wir werden es mit dem Aufstand der Zellen, sprich: Krebs, zu tun bekommen. In einem weit größeren Ausmaß, als dies bisher schon der Fall ist. Depressivität, Ängste und psychiatrische Symptome werden die Folge von immer mehr seelischer Enge sein.

Lassen wir dagegen die negative Erregung nach außen durch, so müssen wir uns damit abfinden, daß das individuelle und nationale Aggressionspotential so sehr anwächst, daß immer mehr Staat nötig wird, um die Bürger zu schützen und die Probleme auf der jeweiligen gesellschaftlichen Ebene oder innerhalb des betreffenden »Blocks« im Griff zu halten. Dabei besteht selbstverständlich die Gefahr, daß Ängste und Aggressionen sich gegenseitig hochsteigern und daß diese hochbrisante Ladung eines Tages in die falsche Richtung explodiert. Das Wettrüsten der Natostaaten mit dem Warschauer Pakt läßt unschwer eine Rüstungsspirale erkennen, die ein unvorstellbares Vernichtungspotential beinhaltet. Die Gefahr, daß wir alle den Preis für dieses ost-westliche Aggressionslager bezahlen müssen, ist nicht mehr von der Hand zu weisen.

Bliebe noch die »Identifikation mit dem Aggressor«. Bei dieser Form der Aggressionsverarbeitung führen wir die einer Frustration folgende unangenehme Erregung ab, indem wir uns an das im Augenblick vorhandene Aggressionspotential »ankoppeln«. Das heißt: Wir schimpfen kräftig mit auf die Ausländer, die arbeitslosen Drückeberger, die unmöglichen Nachbarn, die friedensfeindlichen Russen oder die Besatzungsmacht im eigenen Haus. Die sicherste Identifikation ist die mit der jeweiligen Staatsmacht. Die ist groß und mächtig, und hinter deren breitem Rücken kann man sich ruhig mal auskotzen über die ewig Unzufriedenen, die Protestierer und Besserwisser. Doch ist Vorsicht geraten, denn diese Methode hat sich vor allem im Dritten Reich – als der Staat die Vorreiterrolle für unkontrollierte Aggression und Menschenverachtung übernahm – nicht bewährt: »Der Faschismus hat gezeigt, daß ein Staat die Anarchie, die er verhindern soll, in die eigene Regie nehmen kann« (Horn, 1979).

Zusammenfassend soll gesagt werden: Die Frustration wird um so intensiver empfunden, je zentraler die Bedürfnisse sind, die sich nicht ausleben dürfen. Die innere Spannung steigt mit der Häufigkeit der Eingriffe von außen. Je weniger der Mensch die Möglichkeit hat, seine Richtung selbst zu bestimmen, desto unzufriedener und unruhiger wird er. In unserer vom Haben und Konsum gesteuerten Welt werden so zwangsläufig immer mehr Bedürfnisse zum Zwecke der Gewinnsteigerung (z. B. zu Werbezwecken) manipulativ genutzt. »In der Existenzweise des Habens findet der Mensch sein Glück in der Überlegenheit gegenüber anderen, in seinem Machtbewußtsein und in letzter Konsequenz in seiner Fähigkeit, zu erobern, zu rauben und zu töten« (Fromm, 1979).

Hier gibt es keinerlei Ausnahmen oder Schonfristen: Selbst die Herzen der Kinder werden von der Spielzeugindustrie und der MacDonalds-Gastronomiekette im Handstreich erobert. Abgetötet werden zarte Gefühle, Zärtlichkeit und Einfühlungsvermögen. Beraubt werden wir alle unserer Naivität, Kreativität und der Fähigkeit, nach innen zu lauschen.

Ob die landläufige Reaktion auf derartige Beschneidungen von Wut und Ärger gekennzeichnet sein muß, ist noch umstritten. Frustrationen auf eine andere Art zu verarbeiten, ohne dabei mit der eigenen Gesundheit zu bezahlen, scheint in dieser Gesellschaft eher ein utopischer Ansatz zu sein. »Wenn man allerdings von Kindesbeinen an vorgemacht bekommt, wie Menschen auf Frustrationen mit dem Ausdruck der Wut reagieren, liegt nichts näher, als daß sich dieser Affekt durch die Generationen immer weiter tradiert« (Selg, 1975).

»Und was wir alles gelernt haben!«, möchte ich hinzufügen. So ziemlich alles, was denkbar ungeeignet ist, die Ursachen für Frustrationen zu beseitigen: nörgeln, zanken, explodieren, »unter die Gürtellinie schlagen«, indirekt verletzen, meckern, petzen, randalieren, brutal zuschlagen und mit feiner Feder den Gegner bis zur Weißglut reizen.

Wir alle haben, wie später noch zu erläutern sein wird, eine miserable Aggressionserziehung hinter uns. Es fehlt nicht nur den Politikern an der Kunst des fairen Streitens oder an nichtaggressiven Bewältigungsformen von Frustration. Wir alle müssen dazulernen: Wo hilft mir die Kraft, die mir durch Ärger und Wut erwächst, mich gegen heteronome Eingriffe in meine Person zur Wehr zu setzen? Wie kann ich dies tun, ohne den anderen auszutricksen? Kann ich die Verantwortung für mein Handeln übernehmen? Gibt es einen inneren Spielraum, der Platz läßt, nicht auf die Fallstricke meines Gegenübers hereinzufallen? Wo ist es besser, Ärger und Wut fürs erste beiseitezustellen und dem anderen die Wunde zu zeigen, die er mir beigebracht hat? Wo hilft ein deutlich sichtbarer »Biß«? Wo ist der Blick nach innen, der »Balken im eigenen Auge«, das Gebot der Stunde?

Geben wir aggressiven Impulsen die gleiche Chance, die bei uns »positive« Gefühle wie Liebe, Vertrauen und Ehrlichkeit haben! Nehmen wir uns etwas Zeit und schauen uns und unsere Enttäuschung in Ruhe an: Wie fühlt sie sich an? Wie ist sie entstanden? Was will sie uns sagen? Wofür will sie sich rächen? Was sagt sie uns über den Moment hinaus? Nicht zuletzt dadurch, daß wir unseren ungeheuerlichen Konsumhunger nicht so ohne weiteres stillen können. Wer einmal damit angefangen hat, zu kaufen und zu konsumieren, der findet so schnell kein Ende. Dabei ist es müßig zu fragen, was zuerst da war, die »Henne« (die Konsumgüterindustrie) oder das Ei (der Konsumwunsch).

Daß viele nicht nein sagen können, liegt vor allem an den äußerst geschickt aufgemachten bunten Werbeprospekten und den Sonderangebots-Verführungen in jedem Supermarkt. Geht man davon aus, daß die einzelnen Industriezweige ihre Produkte auch an den Mann bzw. an die Frau bringen müssen, so ist leicht einzusehen, daß sie sich vor allem des Unterbewußten mit Hilfe psychologischer Verfahren bedienen müssen. Wo diese »heimlichen Verführer« ansetzen, ist von Industriezweig zu Industriezweig verschieden.

Gemeinsam ist der Autoindustrie, der Wohnungsbauindustrie, der Konsumgüterindustrie, der Kosmetikindustrie usw., daß sie an grundlegenden menschlichen Bedürfnissen »herumbasteln«, indem sie mit Erfolg versuchen, die Sehnsüchte auf ihre Produkte zu lenken.

Die »richtige« Zigarettenmarke

Manche Zigarettenmarken, wie z. B. HB, knüpfen an dem nachfühlbaren Wunsch vieler Menschen an, sich des im Laufe einiger Arbeitsstunden angesammelten »Frustrationsdrucks«

zu entledigen. »Warum denn gleich in die Luft gehen, greife lieber zur HB, dann geht alles wie von selbst!« rufen sie nicht nur dem Fließbandarbeiter zu und bieten damit ein komplettes Programm gegen Frust und Fron. Glaubt der Arbeiter diesem Versprechen, hängt er bereits an der ausgeworfenen Angel. Die Zigarettenindustrie verdient und der Konsument zahlt. Er zahlt auch mit seiner eigenen Gesundheit, indem er seine Lungen schädigt und eine Chance verpaßt, etwas für seine seelische Gesundheit zu tun.

Das jeder Frustration folgende Unwohl- oder Ärgergefühl ist eine Botschaft des Körpers, die unseren Blick schärfen will. Wir sollen genau hinsehen, was Spannungen in uns erzeugt, und uns fragen, ob wir die Absicht haben, uns immer wieder mit derartigen Frustrationen unserer Bedürfnisse herumzuplagen. Es ist die Chance einer Besinnung auf uns selbst, auf das, was wir auf dieser Welt produzieren wollen.

Andere Zigarettenmarken, wie »Marlboro«, »Camel«, »Peter Stuyvesant« oder »Godewind« (»Dreh auf Kurs«), bringen uns dazu, die Freiheit, die wir wollen, in die Freiheit des Zigarettenrauchens umzupolen. Freiwillig inhalieren wir Nikotin und Kondensat (Teer), handeln autoaggressiv und beeinträchtigen auch noch die Gesundheit anderer. Anstatt den Ärger an die richtige Stelle zu transportieren, schaffen wir uns einen kleinen Freiraum mit dem Griff zur – wohlgemerkt – richtigen Zigarettenmarke.

Die Pseudobefriedigung elementarer Bedürfnisse durch Industrieprodukte verhindert die auch für den Erwachsenen notwendigen Wachstums- und Entwicklungsprozesse. Vollgestopft mit Plastikgefühlen, in die Ecke gedrängt durch Elektronik, gezogen durch viel zuviel PS – streckt eine Gesellschaft alle viere von sich. Das Ökosystem Mensch ist am Ende.

3 Unser seelisches Ungleichgewicht

Um die Blockierungen sichtbar zu machen, die uns aus der Bahn werfen können, möchte ich als nächstes eine Zeitlupe auf sog. Schwachstellen im seelischen Stoffwechselprozeß richten und so deutlich machen, wodurch die genannten spiralförmigen Zyklen von Fall zu Fall unterbrochen sind.

Blockierungen der Körpersignale

Hierzu zählen all die Menschen, die maschinenartig funktionieren und so leben, wie es die Norm vorschreibt. Sie sind austauschbar, haben auffallend wenig Eigenarten und machen den Eindruck, als seien sie durch ein Computerprogramm auf die Erfüllung bestimmter Aufgaben und Rollen (z. B. »die gute Mutter«, »der fleißige Angestellte«, »das wohlerzogene Kind«) ausgerichtet.

Das Programm, nach dem sie funktionieren, ist unabhängig von dem jeweiligen körperlichen Empfinden. Signale, die vom Körper ausgehen (z. B. »ich bin matt und energielos« oder »ich bräuchte mehr frische Luft, mehr Bewegung«) werden überhaupt nicht wahrgenommen. Körperliche Bedürfnisse, Botschaften der Muskeln, des Magens oder ganz konkrete Hinweise wie Kopf- oder Gliederschmerzen werden abgeblockt. Ein Dialog zwischen dem gespeicherten Programm und den ausführenden Organen findet nicht statt: Der Mensch ist von sich selbst entfremdet.

Wer tagsüber Fließbandarbeit leistet, leistet am Feierabend Zuschauerinteresse im Kino und am Sonntag Sport oder Ausflug. Wenn es der erste Kunstgriff des Massendaseins ist, daß es die Anpassung leicht macht, so ist es sein zweiter, daß es sie unmerkbar erzwingt. Es nimmt den Menschen auf seinen unsichtbaren Transportbändern mit; darauf rollt er, auch wenn er das Gefühl hat, frei zu sein. Das Leben wird ihm

45

von den Institutionen und vom Veranstaltungsbetrieb abgenommen, wenigstens verbrauchsfertig geliefert wie die anderen Markenwaren. Der Mensch wird gelebt (Freyer, 1963).

Wer derartig abgeblockt und fremdgesteuert ist, hat auch kein Verständnis für das Erleben und Fühlen anderer. Ein Vorgesetzter wird die Entschuldigung: »Ich kann heute nicht arbeiten. Ich fühle mich, als wäre ich unter Mühlsteine geraten – vollkommen kraft- und ideenlos«, kaum gelten lassen, sondern sie eher als Ausrede bei Arbeitsunlust oder Müdigkeit nach einer zu kurzen Nacht ansehen.

Ein weiteres Beispiel für einen durchgeschnittenen Draht zum eigenen Körper sind die Freß- und die Magersüchtigen: Viele Dicke müssen sich, um einigermaßen »in Form« zu bleiben, nach Kalorientabellen ernähren und sind gezwungen, alles, was sie essen, genau zu registrieren. Die Entfremdung zu ihrem eigenen Körper besteht darin, daß sie auf die Frage, wie satt oder hungrig sie sich im Moment fühlen, keine oder keine eindeutige Antwort geben können. Für die Freßsüchtigen ist das Leugnen von Körpererfahrungen zu einer festen Lebensanschauung geworden. Nur nicht genau hinschauen, sondern möglichst schnell ablenken, flüchten, zudecken.

Für Frau Anne S. bestand das Leben aus einer Kette von Flucht- und Ablenkungsstrategien:
Spürte sie abends allein in ihrer Wohnung ein dumpfes Gefühl in der Magengegend, so nahm sie sich nicht die Zeit, diese »Botschaft« genauer zu erforschen, sondern schaltete den Fernsehapparat an, ging anschließend zum Kühlschrank und aß einen Joghurt, putzte mal schnell über den Tisch und den Wohnzimmerschrank, schaute aus dem Fenster, ging wieder zum Kühlschrank und aß eine Scheibe Parmaschinken, stellte den Fernseher leiser, las einen Artikel in der Tageszeitung, ging wieder zum Kühlschrank . . .
Mit all diesen Ersatzhandlungen wich sie ständig der Konfrontation mit dem Gefühl aus dem Magen aus. Sie entschied sich damit

für ein fortwährendes ungutes Gefühl, anstelle eines kurzen, heftigen Schmerzes – als Folge der Entdeckung von Trauer, Einsamkeit oder Unzufriedenheit. Der Preis dafür ist hoch: Ekelgefühle ihrem Körper gegenüber, keine Spannkraft und körperliche Elastizität, teuere Kleider zum Vertuschen ihres Körperumfangs, mangelnde Attraktivität für das andere Geschlecht, Schuldgefühle, Gereiztheit, Unruhe und immer stärker werdende Haßgedanken gegenüber schlanken und sportlichen Kolleginnen.

Wer von klein auf »geschult« wurde, sich dem eigenen Körper gegenüber distanziert, kalt oder abblockend zu verhalten, wird höchstwahrscheinlich immer mit Überraschungen rechnen müssen, die scheinbar grundlos aus diesem entfremdeten Teil der Persönlichkeit hervorbrechen. Denken wir nur an Brunno Mölldärs im Roman »Glasdreck«. Nach 12 oder 14 Jahren »Willensschulung« bricht es aus ihm hervor: »Nein, nein, ich will nicht mehr!«. »Auf-hö-ren!« »Auf-hö-ren!«. Trotz jahrelanger Unterdrückung und Zurückhaltung hat der Körper nicht vergessen, welchen Weg der Gefühlsfluß zu nehmen hat. Die Aggression, die Abgrenzung, die Gegenwehr lauert heimlich immer auf eine Gelegenheit, sich Luft zu verschaffen. Was so lange gewartet hat, findet immer eine Möglichkeit, an die Oberfläche durchzubrechen. Dabei ist es dem Gefühl egal, ob die Situation angemessen oder unangemessen ist. Hauptsache, der Druck verringert sich und der ungelebte Teil der Person kann zum Leben erwachen.

Viele entfremdete Menschen ahnen etwas von dem riesigen Staubecken, das sich von Tag zu Tag immer mehr füllt. Sie versuchen gegenzusteuern, indem sie bewußt Situationen meiden, die die Dämme brechen lassen könnten. Selbstverständlich lehnen sie Selbsterfahrungsgruppen ab, halten Psychotherapie für eine überflüssige Erfindung und lassen keine Gelegenheit aus, sich über Menschen lustig zu machen, die ihre Körperbotschaften ernstnehmen. Die Hinweise ihres Arztes, ihre Einstellung zum Leben zu überdenken, weniger zu arbeiten und mehr Zeit fürs

Entspannen oder Erholen frei zu halten, gehen zum einen Ohr herein und zum anderen wieder hinaus.

Wer allerdings über Menschen lächelt, die einen fortwährenden nichtbewußten Kampf mit sich selbst austragen, sollte ein wichtiges Faktum bedenken: Für die Entstehung dieser Blokkierung sind diese Menschen in der Regel nicht verantwortlich. Sie sind die Opfer eines Menschenbildes oder einer Erziehungshaltung, die von der eigenen Hilflosigkeit der Erziehungsverantwortlichen geprägt ist. Was an Kindern durch fortwährende Lähmung des Körper- und Gefühlsausdrucks verbrochen wird, ist zu einem wesentlichen Teil die Auswirkung unseres Erziehungssystems. Die Kälte, Emotionsabwehr und Paragraphenorientierung in den Lehrerzimmern sind hierfür ebenso verantwortlich wie die Kürzung von Unterrichtsfächern wie Musik, Sport und Gymnastik, Zeichnen und Malen zugunsten von Mathematik, Physik und Chemie durch die zuständigen Kultusministerien.

Gegenüber Eltern und Lehrern, die Erziehung als bedrohliche, lästige und freudlose Angelegenheit betrachten oder sich ausschließlich für die Stoffvermittlung zuständig fühlen, müssen sich Kinder und Jugendliche wehren. Sie müssen ihr Innenleben vor einer derart negativen Beeinflussung schützen, um überleben zu können. Was allerdings einmal als Schutzpanzerung hilfreich war, wird zum Problem, wenn es so sehr verhärtet ist, daß selbst bei gutem Willen kein wechselseitiger Fluß – kein Dialog, kein Austausch – mehr möglich ist.

Mißdeutung der Gefühlsbotschaften

In diesem Fall handelt es sich nicht darum, daß die Verbindung zum eigenen Körper blockiert oder gar zerstört ist. Menschen, deren »Ökosystem« an dieser Stelle in Mitleidenschaft gezogen ist, hören – bildhaft gesprochen – einen Sender, dessen Sprache sie nicht verstehen. Die Botschaften ihres Herzens, ihrer Muskeln, ihrer Atmung werden zwar meistens wahrgenommen, jedoch nicht richtig interpretiert.

Fühlen sie sich nach einem lockeren, fröhlichen Gespräch voller Tatendrang und beschwingt, so geißeln sie sich vielleicht selbst, indem sie sich Übermut und Leichtsinn bescheinigen. Versehen mit diesem Etikett, werden die ursprünglichen Empfindungen in Bahnen gelenkt, in denen vermehrte Selbstkontrolle wirksam wird. Alles, was sie von jetzt an tun oder sagen, wird sorgfältig abgewogen. Ungewöhnliche Phantasien werden verschwiegen, Frechheit durch Angepaßtsein ersetzt. Kurzum: Der Schuß Sekt im Gefühl wird durch Selterswasser so weit verlängert, daß er im Endeffekt nicht mehr zu spüren ist.

Da es an der Sicherheit fehlt, die Körperbotschaften richtig zu entschlüsseln, achten Menschen mit dieser Form einer »seelischen Stoffwechselstörung« oft überängstlich auf alle Morsezeichen ihrer Innenwelt. So kann es passieren, daß heftiges Herzklopfen sofort als ernstes Anzeichen für den ersten Herzinfarkt angesehen oder das verständliche Magendrücken nach einem opulenten Mahl als Störung der Bauchspeicheldrüse mißinterpretiert wird.

Es ist wahrscheinlich, daß sich vor allem im sozialen Bereich die Schwierigkeiten häufen können. »Sagt mir dieses komische Gefühl im Bauch, daß ich zu diesem Menschen lieber erstmal Abstand halte, oder fühle ich mich zu ihm besonders hingezogen?«»Haben diese plötzliche Niedergeschlagenheit und Mattigkeit etwas damit zu tun, daß es seit 10 Minuten regnet oder sind sie die Folge der Auseinandersetzung vom Vormittag? Ist es überhaupt das Gefühl von Niedergeschlagenheit oder ist es eher Trauer, vielleicht sogar der Wunsch loszuheulen? Erzähle ich meinem Partner vielleicht etwas völlig Falsches, wenn ich ihm sage, daß ich wegen unserer Auseinandersetzung traurig bin?«

Fragen über Fragen. In den meisten Fällen wüßten wir kaum, die richtige Antwort zu geben. Daß wir alle sehr verunsichert sind, unsere Körperbotschaften richtig zu deuten, ist nicht zu übersehen. Daß diese Unsicherheit allerdings eine lange Geschichte hat, läßt sich auch nicht wegdeuten:

Wer kennt nicht die vielen Fehlinterpretationen, die unser Gefühlsleben seit unserer Kindheit begleiten?

»Ach, schau mal, Du bekommst eine rote Nase. Du brauchst gar nichts weiter zu sagen. Ich weiß, daß Du gelogen hast.« Andere Ursachen, wie Wut, Schüchternheit oder Angst, Unsicherheit oder ein unausgetragener Konflikt, der dem Kind zu schaffen macht, werden nicht in Erwägung gezogen. Sie sind in der Regel auch nicht erwünscht, weil sie nicht ins Konzept des Erwachsenen passen.

Krankmachend und kränkend sind auch Aussagen wie: »Ich als Deine Mutter/Dein Vater weiß besser als Du, was in Dir vorgeht. Schließlich habe ich Dich ja erzogen. Ich kenne Dich von klein auf und weiß, was in Dir los ist.«

Die Lügen hören auch später nicht auf. Denken wir nur einmal an all die Werbeslogans, mit denen erwachsenen Menschen Zigaretten, Autos oder Urlaubsreisen verkauft werden. Da ist die Rede von der großen Freiheit, dem wahren Abenteuer, der einzigartigen Erholung usw. Sicherlich glauben nur die wenigsten diesen Versprechungen, aber heimlich schnuppert man doch ein bißchen vom »Geruch der großen, weiten Welt«, kostet ein wenig vom »Stoff, aus dem die Träume sind« und genießt die Illusion, sich einmal aus der Masse zu erheben.

Die Perversion der Fehletikettierung geht manchmal schon so weit, daß man beim Anblick eines überwältigend schönen Abendhimmels von einer bestimmten Cognacmarke überrascht wird, die sich ungefragt in unser Fühlen einschleicht. Über die Vermarktung der Gefühle ist schon viel geschrieben und gesagt worden. Mich persönlich wundert es nicht, wenn Jugendliche ihrer Verärgerung über Dauerlügen dieser Art nicht anders Herr werden, als daß sie Plakate abreißen, sie sinnentfremden oder mit Aufschriften wie »Scheiß« oder »Fuck« umetikettieren.

Welches Gewicht die Naturvölker auf genaue Bezeichnungen legen, macht der Ethnologe W. Müller in seinem Buch »Indianische Welterfahrung« deutlich: Bei einer Analyse der indianischen Sprachgebräuche ». . . entpuppte sich die eigene (europäische) Sprechweise als Schluderei, ins Ungefähre geredet, ins

Undeutliche verwischt, wohingegen das Indianische mit höchster Sorgfalt den Gegenstand, die Situation, den Kontext sozusagen nachzeichnete.« Die Delawaren unterschieden beispielsweise in ihrer Wortwahl zwischen der Liebe zu den Eltern, zu den Geschwistern, zu den Kindern, zur Ehepartnerin. Sie hatten unterschiedliche Bezeichnungen dafür, »ob ein Fluß durch grüne Waldesschatten dahineilt oder unter einem grauen Himmel sich trübe fortschleppt, ob ein Felsblock in der Sonne schimmert oder vor Nässe glänzt, ob ein Gesicht von Schmerz verzerrt oder von einem Lächeln erhellt wird, ... ob *ich* das Rauschen eines Wasserfalls höre oder *Du – die Wirklichkeit ist jedes Mal eine andere, sie wandelt sich von Augenblick zu Augenblick.*« ... von Mensch zu Mensch, von Situation zu Situation.

Sich immer wieder neu auf unser Erleben, unser Körperempfinden, unsere Stimmungslage zu konzentrieren, ist eine enorm hohe Anforderung, der wir ohne ausreichende Übung nicht nachkommen können. Während unserer gesamten Vorbereitung auf die Arbeits- und Berufswelt mußten wir das Gegenteil erfahren: möglichst nicht genau hinsehen, nicht in sich hineinfühlen, nicht fortwährend das Innenleben belauschen! Die Folge könnte eine zu starke Sensibilität sein – eine Fähigkeit, die zwar menschlich bereichernd, beruflich jedoch disqualifizierend sein muß. Stellen wir uns einmal einen Maschinenschlosser oder eine Stenotypistin vor, die sich den »Luxus« einer derartigen Feinfühligkeit leisten würden. Binnen kürzester Zeit wären sie am Arbeitsplatz nicht mehr tragbar bzw. kämen selbst derart in Widerspruch mit ihrer starr vorgegebenen Berufsrolle, daß sie nicht mehr weiterarbeiten könnten oder dürften.

Ein anderes Beispiel ist eine 38jährige Hausfrau, die in die Beratungsstelle kommt, weil mehrere Fachärzte keine organischen Ursachen für ihre Migräne, Depressivität und Sexualprobleme finden konnten:

Frau Ingeborg L. schildert in den anfänglichen Sitzungen ihre Lebenssituation unproblematisch: Sie hält sich für glücklich verheiratet, ist mit ihrem Hausfrauenberuf voll zufrieden und würde um keinen Preis der Welt mit einer anderen Frau tauschen wollen. Wenn da nicht nur immer diese Niedergeschlagenheit, diese ewigen Kopfschmerzen und dieses allabendliche Hickhack wegen des Miteinanderschlafens wäre.

Im Laufe einer Therapie, in die auch ihr Mann einbezogen ist, wird ihr der Wunsch nach Harmonie und ungetrübtem Glück als ein Grundgefühl, das sie auf keinen Fall in Frage stellen möchte, immer deutlicher. Sie merkt auch, daß sie um alle sog. negativen Gefühle (Körperspannungen, Zittern der Stimme, Atembeschwerden) einen großen Bogen macht. Ihr Bewußtsein weigert sich, derartiges wahrzunehmen und zu benennen. Nach ca. 40 Stunden Therapie nimmt sie erste Anzeichen von Ärger und Unzufriedenheit gegenüber ihrem Mann wahr. Sie kann sich diese Gefühle zunehmend mehr zugestehen und wird bei einer gemeinsamen Sitzung mit ihrem Mann ganz überraschend von einem Wutausbruch überwältigt, dessen Intensität beiden vollkommen fremd ist. Jetzt kann auch ihr Mann eingestehen, daß sie ihm manchmal auf die Nerven geht und er am liebsten so schnell wie möglich aus der Wohnung verschwinden möchte.

Obwohl die Sitzungen zunehmend mehr Konfliktstoff enthalten, wird das gegenseitige Interesse – auch im sexuellen Bereich – nicht geringer. Im Gegenteil: Die Abgrenzungen bewirken, daß sich beide mehr und ehrlicher umeinander bemühen. Sie sehen sich jetzt nicht immer als eine Einheit, sondern als zwei voneinander unabhängige Partner, die freiwillig – und nicht auf Grund ihres Verheiratetseins – etwas miteinander zu tun haben möchten.

Als beide die Partnertherapie nach etwa 1½ Jahren beenden, sind bei Frau Ingeborg L. die Symptome verschwunden. Die Beziehung zwischen beiden ist nicht leichter geworden. Aber die Art der Probleme hat sich gewandelt und die Fähigkeit ist gewachsen, sich selbst und dem anderen gegenüber ehrlich zu sein.

Nach einer Grundannahme der Gestaltpsychologie ist das Ganze immer mehr als die Summe seiner Teile. Für Ingeborg L. und ihren Mann war die neue Form ihrer Beziehung mehr als nur ihre

Person und die ihres Mannes. Also mehr als zwei Personen, die miteinander leben wollten. Indem sie sich bemühten, sich selbst und dem anderen gegenüber aufrichtig zu sein, gelang es ihnen, ein neues Ganzes zu bilden. Sie konnten es sich gestatten, voneinander getrennte Individuen zu sein und somit neue Erfahrungen zu machen, die ihnen in ihrer Zweisamkeit nicht möglich gewesen wären.

Alleine zu existieren und von Zeit zu Zeit eine Einheit zu zweit zu bilden – ohne das Bewußtsein für die Individualität zu verlieren – ist etwas völlig Neues und viel aufregender als an der »tödlichen Zweiheit« (D. Jaffe) kleben zu bleiben.

Störungen des Energieflusses

> *Die Energie, die wir benötigen, bekommen wir nur aus dem Strom, gegen den wir schwimmen.*
>
> *Leander Segebrecht*

Jeder von uns kennt das Gefühl, kraft- und energielos zu sein: Der Atem verflacht, die Schultern hängen nach unten, die Sinne sind vernebelt, wir sehen kein Ziel vor Augen. Wir haben Schwierigkeiten, den Körper, der die Lösung wüßte, um Rat zu fragen – ja, wir dringen gar nicht richtig zu ihm durch.

Eugene T. Gendlin, ein bekannter amerikanischer Psychotherapeut, ist davon überzeugt, daß es auch in dem geschilderten Gefühlszustand einen Weg gibt, zu neuer Kraft und Energie zu kommen. Die Methode, mit der dies möglich ist, nennt er »Focusing«: ein bewußtes Lenken der Aufmerksamkeit auf bestimmte Körpersensationen, die unklar oder verwaschen sind – in denen jedoch der Schlüssel zur Lösung der persönlichen Probleme versteckt ist.

Fred, einer seiner Klienten, versucht zum Kern seines Problems durchzustoßen, indem er, auf der Bettkante sitzend, in sich hineinhorcht:

Ich schloß mich ganz von der Außenwelt ab, schob das Argumentieren und Intellektualisieren und all die anderen Geräusche, die in meinem Kopf herumgingen, beiseite und ließ meine Aufmerksamkeit tiefer dringen, nicht nur zum Streit mit meinem Chef, sondern zu den Tausenden von Einzelheiten, die damit zusammenhängen, zu all meinen Sorgen über meine Stelle, meine Zukunft und den Sinn des Lebens ... Ich fragte mich: was ist das Schlimmste? Wo schmerzt es am meisten? Sehr schnell tauchte ein Gefühl auf, es war aber so eigenartig, daß ich es nicht zum Sprechen bringen konnte. Es war ein Gefühl, daß etwas nicht am richtigen Platz ist, das Gefühl, das man hat, wenn man ein Bild schief hängen sieht oder ein Buch, das verkehrt im Regal steht, das Gefühl, daß etwas nicht ganz stimmt.
Ich wartete auf Worte und fand »deplaziert« und »fehl am Platz«, aber als ich sie prüfte, um zu sehen, ob sie richtig waren, stimmten sie nicht ganz ... Ich hatte noch nie dieses Erlebnis zu fühlen, ohne zu wissen: Dann fand ich mein Wort. Es war »unpassend«.
Das war mein Wort. Und ich fühlte, wie sich der Knoten zu lösen begann ...
Ich sah ein, daß meine Arbeit mich nie befriedigen konnte, selbst wenn ich meinen Plan oder irgendwelche anderen Pläne durchsetzen könnte ... Nicht daß ich nicht schon vorher darüber nachgedacht hätte. Aber irgendwie ist auch dieses Element in mir, das nach etwas anderem verlangt, freier geworden. *Ganz deutlich fühle ich in mir eine Art Appetit nach dem Leben.* Ich brauche ihn nicht mehr in eine Zwangsjacke zu stecken. Ich weiß nicht weshalb, aber *es ist in mir, ein kleines, aufregendes Gefühl, das mir sagt, »wir werden uns ändern!«*

Fred ist es gelungen, zum Kern seiner Schwierigkeiten durchzudringen. Wie den Strahl einer Taschenlampe lenkte er seine Aufmerksamkeit immer tiefer in sich hinein, bis er die richtige Benennung für sein Körperempfinden gefunden hatte. Die Antwort war schon lange in seinem Körper vorhanden, bis zu diesem Zeitpunkt war sie jedoch von Pseudowissen, Erklärungen und anderen Widerständen überlagert gewesen, so daß er nicht zu ihr vorstoßen konnte.
Der körpereigene spiralförmige Zyklus war unterbrochen. Es fehlte das passende Wort, die richtige Symbolisierung, die

Energie freisetzen und den Appetit auf das eigentliche Leben – hinter der beruflichen Zwangsjacke – wecken konnte.

Mich erinnert dieses Beispiel an das Märchen »Rumpelstilzchen« der Gebrüder Grimm: Die Königin entging der ausweglosen Situation, in die sie sich durch ihr Versprechen begeben hatte, indem sie den Zwerg bei seinem richtigen Namen nannte. »Das hat Dir der Teufel gesagt, das hat Dir der Teufel gesagt«, rief dieser enttäuscht, bevor er sich, einen Fuß tief in die Erde gestampft, selbst auseinanderriß.

Einen nicht zu bremsenden Energiefluß, der möglicherweise mit Selbstzerstörung oder der Vernichtung anderen Lebens endet, fürchten viele, die davor zögern, genau hinzuschauen. Zeit ihres Lebens sind sie damit beschäftigt, eine derartige Katastrophe zu vermeiden, und bremsen ihre Energie, wo es nur geht. Alexis Sorbas darf stellvertretend für sie tanzen und Humphrey Bogart die Kastanien aus dem Feuer holen. Manchmal fehlt nur ein kleiner Schubs, und plötzlich tanzt eine sonst zurückhaltende Dame aus einer Reisegesellschaft eine ganze Nacht durch.

In der Regel ist es der Intellekt, der stets präsente Kopf, der den Energiefluß blockiert. »Ich weiß, ich sollte . . ., aber . . .« oder: »Wenn ich mich tatsächlich mal gehen ließe, dann . . .« – das sind vorgefertigte Antwortmuster, mit denen sich nicht nur Intellektuelle herumschlagen müssen. Ja, was könnte wohl wirklich passieren? Es ist durchaus vorstellbar, daß bestimmte Gefühle, die über eine lange Zeit tatenlos zusehen mußten, sich ungestüm Bahn brechen. Aber vielleicht schnuppern sie auch nur die ungewohnte Frischluft ein und sind mit einem kurzen Spaziergang zufrieden?

Wenn wir sogenannte Ausnahmesituationen beiseite lassen, brauchen wir keine Angst vor dem Energiefluß zu haben – im Gegenteil: Gefühle und Empfindungen, die nur selten Gelegenheit hatten, sich zu äußern, brauchen oft zusätzliche Unterstützung, um ans Licht zu kommen.

Manche Therapien erinnern mich an die Geburt meines Sohnes Martin, bei der meine Freundin und ich gemeinsam Atemübungen machten, um damit den Geburtsvorgang zu unterstützen.

Wer sich näher mit Körpertherapien beschäftigt hat, weiß, wie wichtig die Mithilfe des Körpers und der Atmung ist, wenn es darum geht, Blockierungen zu lösen. Alexander Lowen schreibt in seinem Buch »Bioenergetik« über die Bedeutung der Atmung bei der Aktivierung verdrängter Emotionen:

Die Atmung eines Menschen kann spontan tiefer werden, wenn er eine geeignete Stellung einnimmt. Vielleicht beginnt er plötzlich zu weinen, ohne zu wissen, warum. Das tiefere Atmen hat seine Kehle geöffnet, seinen Körper aufgeladen und verdrängte Emotionen aktiviert. Das Resultat: ein Gefühl der Traurigkeit brach sich Bahn und floß buchstäblich aus. Manchmal bricht auch Zorn durch. In den meisten Fällen geschieht jedoch nichts, weil der Betreffende zuviel Angst davor hat, sich zu öffnen und seinen Regungen freien Lauf zu lassen. Er wird sich dann aber dieses »Eindämmens« bewußt und spürt die Muskelspannungen in seiner Kehle und Brust, von denen die Gefühlsäußerung blockiert wird.

Bei meiner therapeutischen Arbeit, die sich vor allem auf gestalttherapeutische Konzepte stützt, macht es mich immer wieder glücklich, wenn es einem Klienten gelingt, lange verschüttete Energien zu reaktivieren und sie zur Durchsetzung seiner Interessen zu benutzen:

Franz K. war ein Mann, der zwar genau wußte, was er wollte. Wenn es aber darum ging, seinen Wünschen Nachdruck zu verleihen, versagte er kläglich. »Dir fehlt der Mumm in den Knochen«, meinte eine Kursteilnehmerin spöttisch in der Absicht, ihn zu einer kraftvollen Gegenreaktion zu provozieren. Es nützte nichts. Franz hatte seine Energie und Vitalität in einem Lebensabschnitt zurückgelassen, der viele Jahre zurücklag.
Auf meinen Vorschlag ließ sich Franz auf ein »Experiment« ein: er schlüpfte für einige Zeit in die Rolle des 4jährigen Franz. Mit vier Jahren hatte er wegen eines längeren Krankenhausaufenthalts seiner Mutter mehrere Monate nur mit seinem Vater zusammengelebt. Er konnte sich noch in vielen Einzelheiten daran erinnern, daß dieser ihm viele Freiheiten gestattete, die ihm seine Mutter immer rigoros versagte. Beispielsweise durfte er seinen

Vater mit dem Fuß kicken oder ihn boxen, wenn er sich über ihn ärgerte. Er wurde auch nicht bestraft, wenn er aus Übermut – oder um die Langmut seines Vaters zu testen – ein Spielzeug an die Wand warf.

Erstaunt registrierten viele Gruppenteilnehmer, daß Franz als 4jähriges Gruppenmitglied vor Ideen nur so sprühte, die er ohne langes Zögern in die Tat umsetzte: Er wartete nicht, bis jemand ausgeredet hatte; blieb nicht regungslos auf seinem Platz sitzen; kuschelte sich nacheinander an sämtliche weibliche Gruppenmitglieder; mich zog er ab und zu an den Haaren oder versetzte mir einen leichten Tritt vors Schienbein.

Nach seiner Rückverwandlung in einen 40jährigen Mediziner schlug ich ihm vor, bei all dem, was er in der Gruppe zu tun beabsichtigte, mehr als nur die Sprache zu gebrauchen. Franz probierte diesen Vorschlag aus: Er zeigte mit dem Finger auf seinen Gesprächspartner; erhob seine Stimme; bewegte sich im Raum, wenn er zur gesamten Gruppe sprach. Wenn ihn etwas langweilte, so schluckte er dieses unangenehme Gefühl nicht mehr herunter, sondern meldete Protest an.

Diese innere Lebendigkeit war die Folge mehrerer Faktoren: Franz hatte sich die Unbekümmertheit aus dem »Kind« in sich wiedergeholt. Mit dieser Kraft ausgestattet, »reicherte« er sein Tun gewissermaßen an. Er handelte ganzheitlicher, d. h. mit dem Einsatz aller seiner Sinne und in Einklang mit der Atem-, Bein- und Armmuskulatur.

Allen war dabei deutlich geworden, daß der Kontakt zur Welt nicht allein durch Reden, Lesen oder Schreiben herzustellen ist. Wir Menschen bestehen aus mehr als nur Kopf und Verstand und sollten dies vor allem dann nicht vergessen, wenn es uns Schwierigkeiten macht, mit unserem Energiestrom in Berührung zu kommen.

Tatenlosigkeit oder Untaten

Immer mehr Menschen wissen, daß es so nicht mehr weitergehen kann: Raubbau an den Schätzen der Natur, die Ausrottung hunderttausender von Pflanzen und Tierarten, die Kluft zwischen reichen und armen Ländern vertieft sich von Tag zu Tag, die Vernichtung der Menschheit durch den Einsatz atomarer Waffensysteme ist in den Bereich des Möglichen gerückt. In »Global 2000«, der zur Zeit wohl ausführlichsten und umfangreichsten Prognose über die Entwicklung auf unserem Planeten in den nächsten Jahrzehnten, fordern die an dieser Studie beteiligten Wissenschaftler den Präsidenten der Vereinigten Staaten und alle verantwortlichen Politiker auf, schnell zu handeln:

Mutige und entschlossene Initiativen sind erforderlich, wenn die zunehmende Armut, die Vermehrung menschlichen Leidens, wenn Umweltzerstörung und internationale Spannungen und Konflikte vermieden werden sollen. Diese Probleme sind unauflöslich mit den komplexesten und dringendsten Problemen unserer Welt verknüpft – Armut, Ungerechtigkeit und gesellschaftliche Konflikte. Neue und phantasievolle Ideen – und *die Bereitschaft, sie in die Tat umzusetzen* – sind heute wichtiger als alles andere.

Es gibt wohl kaum jemand, der nicht schon einmal gehört hat, wie es um die Weiterentwicklung auf diesem Planeten bestellt ist. Nur sehr wenige aber – so scheint es – haben diese Probleme in ihrer ganzen Tragweite an sich herangelassen. Von denen jedoch, die begriffen haben, worum es in den nächsten Jahrzehnten geht, sind viele ernsthaft bereit, aktiv an der Rettung der Erde mitzuarbeiten.

Als Kinder haben wir immer gesungen: »Wenn das Wörtchen ›wenn‹ nicht wär, gäb es keine Schule mehr« ... und dennoch sind wir jeden Tag aufs neue hingegangen und haben in uns Wissen anhäufen lassen, das zum Gebrauch für das tägliche Leben nur sehr bedingt geeignet war.

Ähnlich scheint es denjenigen von uns zu ergehen, die – inzwischen erwachsen geworden – durchaus intakte Sinne behalten

SCHEIDUNG

Aus: Claire Bretécher, Die Frustrierten 1. (Hamburg: Rowohlt 1978)

haben, aber davor zurückschrecken, ihr Empfinden in Handlungen umzusetzen.

Was für die Umweltpolitik gilt, trifft auch auf den privaten Bereich oder auf die Arbeitsstelle zu: Wir spüren genau, daß wir nicht unser Leben lang eine bestimmte Funktion ausfüllen oder vorgeschriebene Tätigkeiten ausführen wollen. Wir merken unsere Unzufriedenheit über die wenige Freizeit, die uns selbst und für unsere Familie zur Verfügung steht. Wir wissen, daß es an der Zeit wäre, die Beziehung zu unserem Partner wieder einmal genauer unter die Lupe zu nehmen und Entscheidungen zu treffen . . . aber: Wir entscheiden uns dafür, alles so laufen zu lassen. Wir machen vielleicht einen ersten Schritt, geben aber kraftlos auf, wenn es an der Zeit wäre, den nächsten zu tun.

Nicht wenige nehmen Zuflucht zur Phantasie: Sie malen sich farbig eine andere Existenz aus, stellen sich einen Idealpartner nach dem anderen vor oder tun so, als existierte der Wecker nicht, wenn sie sich noch einmal umdrehen – wohl wissend, daß der Wecker über ein Doppelwecksystem verfügt, das verhindert, daß sie zu spät am Arbeitsplatz auftauchen. Nichts gegen die Phantasie, ist sie es doch, die den richtigen Weg vorbereiten und uns mit dem Lebensmut versehen kann, der später dringend gebraucht wird. Es kann aber dazu kommen, daß wir uns zweiteilen: Da ist die Realität – unverrückbar und unantastbar – und da ist die Traumzeit, eine allzeit vorhandene Möglichkeit, sich zu entziehen. Hierzu Fritz Perls in einem Kapitel über Widerstände:

Es gibt Menschen, deren Geschlechtsleben sich ohne jedes reale Objekt abspielt, sie sind zufrieden mit ihren Phantasien, dem Onanieren und nächtlichen Samenergüssen – aber niemand kann den Hungertrieb ohne *reale* Objekte, ohne Nahrungsmittel befriedigen . . . Die meisten Emotionen bedürfen der Welt als Objekt. Man kann einen Ersatz wählen und z. B. anstelle eines Freundes einen Hund streicheln, da Zärtlichkeit irgendeine Art von Kontakt erfordert, aber wie andere Gefühle auch bringt Zärtlichkeit keine Befriedigung, wenn sie sinnlos entladen wird.

Für unser Wohlbefinden als Menschen ist es dringend erforderlich, daß wir unsere Gefühle – unseren Protest, unseren Ärger, unsere Freude – dort abladen, wo sie hingehören. Ohne Verankerung an der »richtigen Stelle« werden wir entweder allmählich mutlos und resignieren oder wir lassen unsere Empfindungen an Personen oder Sachen aus, die gerade in unserer Reichweite sind.

Beispiel Frau B.
Auf dem Rückweg hab ich aber gleich meine Mutter mitgenommen. Meine Mutter hat dann noch gesagt: Ach Mädel, beruhige Dich doch, vielleicht hat er Ärger gehabt auf Arbeit, das kann doch vorkommen, du weißt doch, wie das ist.
Da ging die Tür wieder auf, aber wer da in die Tür reinkam, Sie, das war kein Mensch mehr. Ein Mensch ist dazu nicht fähig. Erst mal ist der Tisch geflogen, mit allem was draufstand. Ohne einen Ton zu sagen. Den Sessel hat er kaputtgemacht, und mit der Sessellehne, damit hat er mich dann geschlagen: Hure, Dreckvieh, Penne. Ich konnte am nächsten Tag nicht mehr runter, so hat der mich geschlagen. Dann hat er ein Messer genommen und hat damit meine Mutter verletzt: ein richtiger Schnitt ins Handgelenk . . .
Ich hatte solche Würgemale, das haben die Polizisten am nächsten Tag fotografiert, und war von oben bis unten und an den Armen und Füßen so blau, das gibt's gar nicht, richtig dunkelblau und geschwollen. Ich konnte auch nicht mehr richtig sprechen und schlucken . . .
Mein Mann ist erstmal verhaftet worden, und ich habe eine Anzeige wegen versuchten Totschlags gemacht . . .
Ich blieb bei meiner Anzeige und ließ mich auch nicht von der Kripo erweichen, von wegen Trinken, wie der Kripobeamte sagte: Ja, ich geh auch mal einen trinken, und wenn meine Frau mosert, muß sie ein paar hinter die Ohren kriegen. Das sagt mir ein Kripobeamter! An den muß ich so oft denken. Na, wenn wir lauter sone Dinger haben, na denn Mahlzeit.
(Aus: Gewalt in der Ehe und was Frauen dagegen tun (in England, Holland und anderswo). Herausgegeben von Sarah Haffner, Berlin, erw. Neuaufl. 1978.)

Gemäß der immer wieder bestätigten Erfahrung, daß den »letzten die Hunde beißen«, wird die von oben empfangene Gewalt so lange weitergegeben, bis sie beim Schwächsten – also entweder bei der Frau, dem Kind, dem Ausländer, dem Tier oder der Natur – landet. Je wehrloser das »Aggressionsobjekt« ist, desto größer die Wahrscheinlichkeit, daß es zur Abreaktion empfangener Gewalt dienen kann.
Der Deutsche Kinderschutzbund, Ortsverband München, nennt

Pädagogische Strukturen. (Aus: Berliner »Extra-Dienst«)

in seiner Aufklärungsbroschüre ». . . auch wenn das Kind schon blaugeschlagen ist . . .« konkrete Zahlen:

In der Bundesrepublik Deutschland werden jährlich etwa 4000 Fälle von Kindesmißhandlung erfaßt, davon ca. 160 mit tödlichem Ausgang. Weitere 1200 Fälle von Kindesvernachlässigung und rund 100 Tötungsversuche kommen hinzu. Man nimmt generell eine Dunkelziffer von bis zu 95% an, so daß diese Angaben real ein Vielfaches ausmachen würden.

Vielen Eltern fallen nach einiger Zeit einfach keine anderen Handlungsmöglichkeiten mehr ein, die Daueranforderungen zu bewältigen, die Kinder in bestimmten Phasen ihrer Entwicklung darstellen. Im Affekt greifen sie zu Schürhaken, Stöcken, werfen mit Gegenständen oder schlagen wahllos zu. Meist haben sie nicht gelernt, daß es andere Verhaltensweisen gibt, der Überforderung vorzubauen oder Grenzen zu setzen, als die rohe Gewalt. Oft wird einfach vergessen, daß sich das Kind nur sehr beschränkt wehren kann. Es wird zum Objekt degradiert, mit

dem man machen kann, was man will – ähnlich einer Spielzeug-
puppe, die achtlos in die Ecke geschleudert wird, wenn ein neues
Spiel lockt:

● Als während der »Sportschau« im Dezember 1978 die sieben Monate
alte Tochter Rebekka schrie, warf der 23jährige Vater das Kind mit
solcher Wucht gegen hölzerne Bettstangen, daß es später im Kranken-
haus an schwersten Kopfverletzungen starb.
● In einem Revisionsverfahren verurteilte das Hamburger Schwurge-
richt am 12. Oktober 1978 eine 23jährige Hausfrau und Pferdepflegerin
zu fünf Jahren Freiheitsstrafe. Nach den Feststellungen des Gerichts
hatte die Frau ihren zwei Monate alten Sohn getötet, weil das Kind seit
seiner Geburt ständig geschrien hatte. Der Vorsitzende sagte in seiner
Urteilsbegründung: »Sie schlug oder warf das Kind mit großer Gewalt
auf den Couchtisch. Das Kind . . . erlitt einen vierfachen Schädelbruch.
(Die Beispiele stammen aus dem Archivmaterial von dpa)

Aggressionsforscher, die darauf hinweisen, daß brutales und
unkontrolliertes Verhalten durch Vorbilder gelernt wird, suchen
vor allem in der Familie, der Subkultur und den Massenmedien
nach den Erklärungsursachen für dieses außerordentlich schwer
nachfühlbare Tun.
So berichtet A. Bandura, ein lerntheoretisch orientierter Psychologe, über einige Studien, in denen nachgewiesen wird, daß
Kinder, die von ihren Eltern mißhandelt wurden, ihrerseits als
Eltern wieder dazu neigen, die eigenen Kinder zu schlagen.
Sogar die Art der Mißhandlung ähnelt in vielen Fällen der selbst
erlittenen schmerzhaften Erfahrung. Vor allem dort, wo aggressives Verhalten eher die Regel als die Ausnahme ist, treten
derartige Übergriffe gehäuft auf. »Die erwarteten Belohnungen
für aggressives Verhalten bilden eine wesentliche Quelle der
Motivation zur Aggression« (Bandura, 1979).
Lerntheoretiker behaupten ferner, daß bestimmte Filme nicht nur
für Kinder und Jugendliche, sondern auch für Gefängnisinsassen
eine hervorragende Möglichkeit darstellen, die unterschiedlich-
sten Formen aggressiver Gewalt zu lernen.
Was passiert, wenn wir unsere Gefühle nicht – wie bereits
beschrieben – zurückhalten, in die Phantasie lenken oder an
Ersatzobjekten ablassen? Welches sind die Folgen, wenn unsere

Kraft und Energie auf das richtige Objekt, die lange gesuchte Person treffen? Nun, wir spüren ein ganzheitliches Gefühl, einen Energiestrom, unsere ureigene Identität, unsere Einmaligkeit. Oft werden wir dabei von einem starken Gefühl ergriffen: Wir erleben, wie unser Körper – bildlich gesprochen – wächst und wie er sich ausdehnt. Erst im Kontakt mit dem anderen spüren wir uns richtig. Die dabei entstehende Erregung wird als Gefühl des vollen Engagements mit dem, was genau stimmt, erlebt. Es ist uns gelungen, unser wahres Ich zu erreichen!

Wenn wir durchgedrungen sind, werden wir die oben beschriebenen Gefühle erleben können. Manchmal wird jedoch eine derartige Intensität nicht erreicht, und in der alltäglichen Kontaktnahme ist es oft nur ein Kopfnicken oder die Empfindung von Zufriedenheit, die deutlich machen, daß wir richtig und im Einklang mit unseren Gefühlen gehandelt haben.

Nicht selten kommt es vor, daß ein Mensch, der über einen längeren Zeitraum entfremdet und fremdbestimmt gelebt hat, die beschriebene Kontakterfahrung nicht gleich wahrnehmen kann:

Er erfährt sich nicht mehr als Urheber seiner Taten, als Mittelpunkt seiner Welt – sondern seine Taten und deren Folgen sind zu seinen Herren geworden, denen er gehorcht, ja die er sogar möglicherweise anbetet. Der entfremdete Mensch hat den Kontakt mit sich selbst genauso verloren, wie er auch den Kontakt mit allen anderen Menschen verloren hat. Er erlebt sich und die anderen so, wie man Dinge erlebt – mit den Sinnen und dem gesunden Menschenverstand, aber ohne mit ihnen und der Außenwelt in eine produktive Beziehung zu treten. (Fromm, 1980)

Erst nachdem ich mehrmals zu einem Kollegen gesagt hatte: »Hej, *Du* hast Dich endlich einmal beschwert. *Du* hast einen Beschwerdebrief geschrieben! An den *Chef* persönlich! Weißt Du was das heißt!?«, fing er an, die Faszination seines Tuns zu spüren: »Ich mußte es einfach tun. Es war nicht mehr zum Aushalten! Mensch, wie lange ich davon geträumt habe!« Er klatschte in die Hände, tanzte im Kreis und rief: »Komm, das wird gefeiert! Und wenn es meine Kündigungsfeier wird!« Lange zurückgehaltene Gefühle nach draußen zu bringen und sie an der richtigen Instanz festzumachen, ist die beste Medizin gegen fortwährende Spannungsempfindungen und latenten Ärger. Wer immer nur mit einem dumpfen Groll im Magen und einem verbissenen Gesicht herumläuft und sich beispielsweise die »Tagesschau« nur noch mit einer Flasche Bier dazu anschauen kann, sollte den gesammelten Unmut endlich einmal an der richtigen Stelle auskotzen! Es gibt viele Menschen, die Zeit ihres Lebens schlucken und schlucken: Bier und Schnaps, Ungerechtigkeiten, gereizte Kollegen, elterliche Gebote und Verbote, rote Ampeln, Lärm vom Nachbarn und von der Straße, hektische Konsumenten im Kaufhaus. Die Folge ist oft eine Dauerübelkeit, ein Kotzenwollen und Nichtkönnen, Katersymptome, ein dicker Kopf und dieses ständige Kribbeln in Händen und Füßen. Die Alternative zu Kontrolle und Zurückhalten gegenüber dem Vollgestopftwerden mit Nonsens, scheinbar Gefährlichem oder Ungenießbarem, muß nicht wahlloses Umsichschlagen oder Amoklaufen sein:

Wer den richtigen Zeitpunkt erwischt, hat die Chance, situationsangemessen und mit dem passenden Energiepaket zu reagieren. Wer beispielsweise nicht mehr die von Jahr zu Jahr steigenden Ausgaben für den Verteidigungshaushalt »verdauen« will, hat die Möglichkeit, aktiv etwas dagegen zu unternehmen: Es gibt heute eine Unmenge von Initiativen und Gruppen, die sich gegen diese oder andere Bedrohungen des Lebens zur Wehr setzen. Man kann Mitglied in einer Bürgerinitiative werden, die sich für den Erhalt eines gewachsenen Stadtteils einsetzt, wie Green-Peace gegen die Verschmutzung der Weltmeere protestieren oder sich auf die Seite der Behinderten, Alten oder politisch Verfolgten stellen. Auch jede politische Partei hat Mitglieder, die nicht bedingungslos mit jedem Entschluß der Parteispitze konform gehen. Worauf es ankommt, ist Schluß zu machen mit dem Dauerschweigen, dem chronischen Runterschlucken und Ohrenzuhalten. Alle die Kraft und Energie, die wir brauchen, um ständig Übelkeit und Unwohlsein unten zu halten, könnte besser und konstruktiver genutzt werden, setzten wir sie im Sinne unserer seelischen Balance – zur Gesundung unseres Ökosystems – ein.

Nicht loslassen können

»Der nächste Winter kommt bestimmt« war ein Werbeslogan der Deutschen Bundesbahn, der die absolute Sicherheit betonte, mit der diese vielen Autofahrern verhaßte Jahreszeit kommen würde. Ohne diesen Rückzug der Natur gäbe es kein Frühjahr, keinen Sommer und keinen Herbst. Was für die Natur eine Selbstverständlichkeit ist, nämlich durch die Trennung von Überflüssigem neue Kraft und Stärke zu gewinnen, ist für die meisten Menschen noch sehr ungewohnt. Kein Baum hält die Blätter fest, die im Herbst fallen wollen. Wir aber klammern uns verzweifelt an gewohnte Denkweisen, an Konsumgewohnheiten, an einen bestimmten Partner, an unsere Kinder. Und wenn wir uns schon ausnahmsweise einmal durchgerungen haben, weniger zu arbeiten und mehr Zeit für uns zu haben, dann stoßen wir an feste Grenzen wie Tarifverträge, Arbeitsverträge und letztlich an die Interessen von Unternehmern, die sich nicht auf Zweidrittel- oder Halbtagsstellen einlassen wollen. Hinzu kommen langfristige Verpflichtungen: Kreditrückzahlungen, Bauspar- und Lebensversicherungsbeiträge – ganz zu schweigen von den Beiträgen zur Renten- und Krankenversicherung. Da wird verständlich, daß sich in zunehmendem Maße Menschen ganz aus diesen Verstrickungen zurückziehen bzw. sich schon im jugendlichen Alter für die absolute Verweigerung entscheiden. Die große Masse jedoch hat resigniert. Sie hat zu oft erfahren müssen, daß das ganze Wirtschaftssystem darauf aufgebaut ist, daß jeder ein Leben lang seine (?) Pflicht tut. »Wo kämen wir denn hin, wenn jeder tun würde, was er wollte?«

Ja, wo kämen wir hin? Vielleicht zu einer anderen Gesellschaft, in der der einzelne mehr Freiheit hätte, Kontakt und Rückzug selbst zu bestimmen. Wo die Frau nicht automatisch mit Küche und der Mann nicht selbstverständlich mit Geldverdienen assoziiert würde! Vielleicht aber auch in ein Stadium, das anarchistische Züge hätte. Das hieße die Unternehmer herausfordern, deren Auffassung hierzu das folgende Zitat widerspiegelt: »Es wäre die größte Gefahr, die unserer gesellschaftlichen und staatlichen Ordnung drohen würde: der Keim des Anarchismus in uns selbst. Wir wären vom Virus des Anarchismus befallen, wüßten nicht mehr, was Ordnung heute eigentlich ausmacht!« (Westphalen, 1979)

Sich deutlich abzugrenzen, sich zu verweigern, Schluß mit dem Alten zu machen, die Fesseln abzustreifen, einen Punkt zu setzen – das braucht Kraft und die innere Sicherheit, wieder neu anknüpfen zu können. Diese Gewißheit ist häufig eine Folge vieler Erfahrungen, bei denen sich immer wieder herausgestellt hat, daß erst eine Trennung oder ein konsequentes Sich-Zurückziehen die Voraussetzung für einen – andersartigen – Neubeginn bildet.

Unser gesamter Körper befindet sich in einem ständigen Prozeß des Abstoßens von Unbrauchbarem und der Aufnahme von Nützlichem. Wir brauchen dabei nur an die fortwährende Abstoßung von kleinsten Hautpartikelchen oder auch an den täglichen Stuhlgang zu denken. Aber auch an das mondgesteuerte Heranreifen einer neuen Eizelle oder an die notwendige Nahrungsaufnahme.

Es gibt Meditationslehrer, die darauf aufmerksam machen, daß jeder Atem, der nach außen geht – also jedes Ausatmen – gleichbedeutend ist mit dem Tod. Und jedes Einströmen der Luft eine Wiedergeburt – gleichbedeutend mit dem Leben. Auch so betrachtet befinden wir uns in einem fortwährenden Abgrenzungs- oder Sterbeprozeß, dem auf der anderen Seite eine ständige Erneuerung – eine Vitalisierung – gegenübersteht.

Die meisten Menschen mögen leider nur die eine Seite der Medaille oder, anders ausgedrückt, nur die Vorderseite des Mondes betrachten. Für die Rückseite des Mondes oder die Kehrseite der Medaille haben sie kein Interesse. In dieser Haltung werden sie durch die Werte unserer Konsum- und Leistungsgesellschaft noch unterstützt:

Dem Schlafbedürfnis wird oft nur ungern oder begrenzt Raum gegeben. Die Nacht wird zum Tag gemacht – und dies gilt nicht nur für Schichtarbeiter, die zur Erhöhung der Rentabilität moderner Produktionsanlagen in wechselndem Rhythmus zur Arbeit müssen. Auch viele Jugendliche holen aus 24 Stunden scheinbar mehr heraus, indem sie ihre Nächte bis weit über Mitternacht hinaus in Diskotheken oder mit Musikhören verbringen.

Und dann gibt es noch den totalen Trip: Immer nur das Aufregendste, Ausgeflippteste, Schickste, Irrste, Extremste – das »Beste vom Besten«, die Superlativen – zu suchen und sich davon aufheizen zu lassen. Hier handelt es sich ebenso um einen Konsumtrip wie bei der Familie von nebenan, die um jeden Preis mit sämtlichen Nachbarn um das neueste Automodell, die teuerste Stereoanlage und die gediegenste Wohnungseinrichtung konkurrieren muß.

Wie sähe die Abgrenzung gegenüber solchen Konkurrenzhaltungen, menschenfeindlichen Arbeitsbedingungen, dem Mehr- und Besserhaben sowie der neurotischen Suche nach Superlativen aus?

Von Wichtigkeit scheint das Nicht-mehr-Mitmachen, das teilweise Aussteigen zu sein. Das sieht sicherlich für den Schichtarbeiter anders aus als für den Jugendlichen, der beschließt, den Tag anders einzuteilen. Beiden gemeinsam ist allerdings, daß sie kreativ nach Alternativen zu dem bisherigen Zustand suchen müssen. Hilfreich scheint auch zu sein, daß diese Veränderungsanstrengungen mit etwas »Abgrenzungsaggression« aufgeladen sind, um sich nicht von Arbeitskollegen oder Bekannten weich klopfen zu lassen. Und da ist auch die Gegenkraft nicht aus den Augen zu verlieren, die sich aus dem täglichen Trott – der Gewohnheit – immer wieder neu bildet. Der Schichtarbeiter wird die Entfremdung durch den Maschinenrhythmus wahrscheinlich nicht im Alleingang auflösen können – er braucht Kraft und Unterstützung durch eine Organisation; der Jugendliche allerdings kann es vielleicht selbst schaffen, sich aus dem negativen Kreislauf zu lösen.

Über die notwendige Befreiung beim Zusammenbruch des Alten und Durchbruch des Neuen schreibt J. Robertson in »Die lebenswerte Alternative«:

Viele von uns müssen sich von übermäßiger Abhängigkeit befreien. Dies betrifft u. a. die Bereiche Gesundheitswesen, Erziehung, Arbeit, Wohnung, Ernährung, Verkehr, Energie, Politik, Religion und viele andere Bereiche unseres wirtschaftlichen und sozialen Lebens. Wir sind von Geld und Jobs abhängig; von großen Organisationen, Großtechnologie und hochspezialisierten Dienstleistungen; von Städten; von Männern, wenn wir Frauen sind; von den Industrienationen, wenn wir in der dritten Welt leben; von Logik und Intellekt, wenn Gefühl und Intuition beschnitten und unterentwickelt sind.

Wir sollten uns wirklich öfter einmal ernsthaft fragen: Was würde eigentlich passieren, wenn immer mehr Menschen sich gegen die Werte, die den natürlichen Kreisläufen entgegenlaufen, zur Wehr setzten? Wenn sie sich fragten, warum eigentlich Arbeiten wichtiger ist als Faulenzen? Warum Produktivität um jeden Preis? Warum lieber im Strom mitschwimmen als herausragen und abgrenzen? Warum hat man immer fröhlich und gut gestimmt zu sein? Warum immer gesellig und nur selten allein? Warum endlos konsumieren, warum alles wahllos wegschmeißen?

4 Gefährdungen, Hoffnungen, Aufbegehren

Rolling Thunder, Sprecher der Cherokee und Shoshone, ein Medizinmann und Schamane, hat einmal gesagt: »Es gibt für alles den richtigen Zeitpunkt und den richtigen Ort«. Den Zeitpunkt des gemäßen Abschieds, des passenden Sich-Lösens, wird von vielen immer wieder aufs neue verpaßt. Zu eng ist die Verknüpfung zwischen mir und Dir und, was Besitz und Vermögen betrifft: zwischen mein und Dein. Zu tief sitzen die Verletzungen, zu frisch sind die Wunden.

Da gibt es die Geschichte vom weisen Richter, der zwei Frauen, die um den Besitz eines Kindes kämpfen, vorschlägt, sie mögen so lange an dem Kind ziehen, bis es einer Seite zufällt. Die richtige Mutter zieht nicht an dem Kind. Sie läßt los, weil sie das Kind liebt und nicht will, daß es Schmerzen erleidet. An der Reaktion des Loslassens erkennt der Richter die wahre Mutter und spricht ihr das Kind zu.

Und da gibt es auch endlose Scheidungsprozesse, in denen es um die Frage geht, wo das Kind besser aufgehoben ist. Verschobene Machtkämpfe, in denen die Aggression auf dem Rücken des Kindes ausgetragen wird: ein Nichtloslassen-Wollen und gekränktes Nicht-Loslassen-Können zum falschen Zeitpunkt, am falschen Ort und bei der falschen Person.

Die Folge der Unfähigkeit, sich in der richtigen Form und zur rechten Zeit zu trennen, sind oft faule Kompromisse. Fremdbestimmte Regeln, losgelöst von jeglichem natürlichen Lebensfluß: Das Ergebnis von Paragraphen, Bürokratie, finanzieller Potenz, Lügen und Gegenlügen. Solche Trennungen sind kein klarer Schnitt, kein sauberer Biß, keine Wunde mit Heilungschancen. Sie sind wie ein steter Stachel im Fleisch, der bei jeder Bewegung schmerzt, immer wieder eitert und sich nur sehr, sehr schwer wieder entfernen läßt.

Ein Rückzug, der nicht freiwillig vollzogen, sondern gewaltsam herbeigeführt wurde, ist in den meisten Fällen die schlechteste Lösung. Sich abgrenzen zu müssen, sich aus Angst vor Strafe zurückzunehmen, mit dem Rückzug erpreßt zu werden und sich vor vollendete Tatsachen gestellt zu sehen, sind leider existentielle Grunderfahrungen in unserer verwalteten Gesellschaft. Jeder hat schon mehr als einmal solche Erfahrungen machen müssen.

Gewalt und Gegengewalt

Die Angst vor dem Schnipp-Schnapp der Schere ist nicht nur bei kleinen Struwwelpeterlesern vorhanden, sondern bei uns allen, die wir es gewagt haben, unsere Bedürfnisse anzumelden und heimliche Befürchtungen auszusprechen. Rückzug auf gewaltsame Art, erzwungene Rückzüge – unfreiwillig und mit immensem Druck – führen zu Unlebendigkeit, Todesphantasien und zu Frustrationen mit einer tickenden Bombe im Hintergrund:

Zynische Bombe

*(Zum Absingen bei kleinen
Marschübungen geeignet)*

Eine kleine keine feine
eine allgemeine Stadt
die da Deckel
auf den Häusern
aber keine Dächer hat

Drinnen tickt
'ne kleine Bombe
und sie wiegt sich
her und hin,
denkt wie schön

daß ich 'ne kleine
ganz brisante
Bombe bin.

Kommt ein Stein
und sagt zur Bombe
hier ist alles ausgebombt –

Sagt die Bombe
und ich warte
bis der 2. Hitler kommt.

Hildegard Pieritz (*1899), 1982

Der Atem stockt, Muskeln verkrampfen sich, Gedanken sind
nicht präsent, Gefühle haben Blei an den Füßen. Mit der Zeit
wird dann Rückzug zur Gewohnheit: Das Herz verhärtet sich,
das Denken folgt Schwarz-Weiß-Kategorien, der Atem pfeift.
Gedanken verlieren ihre Vielfalt, leiden unter Wiederholungs-
zwang, lassen Beweglichkeit und Kreativität vermissen, werden
zur Routine – »der Mensch verkarstet« (Jungk, 1983).
Er richtet sich in dem engen, ihm verbliebenen Raum ein und
hält den ihm verbliebenen Platz für die ganze Welt. Der andere
wird ihm fremd. Langsam erstickt er: »Angst essen Seele auf«,
»klemmen Seele ein« (Fassbinder). Es mangelt an Neugier oder
Interesse am Mitmenschen. Nachempfinden, Mitempfinden,
Verstehen, dem Verlangen, starre Grenzen zu verlassen.
In der Routine festgefressen, vereinsamt, wächst ein innerer
Druck, der oft nicht richtig zu benennen ist.
Andersartigkeit, Anderssein erschreckt. In verkalkten Seelen-
gängen stauen sich undefinierbare Impulse.
Eng – enger – am engsten. Die ungelebte Energie verdichtet
sich. Wir zusammengepreßt, hart, zur Bombe im Bauch, zum
Tumor im Hirn. Implosion oder Explosion? Geht sie nach innen
los oder zerreißt sie die Umstehenden? Werden Unschuldige

getroffen oder vernichtet sie den letzten Rest von Unschuld in uns selbst?

Die Richtung der Strahlung bleibt oft bis zum letzten Moment unklar. Letztlich jedoch ist alles verseucht. Die Pendelbewegungen unterbleiben, die Ökologie der Seele erstirbt, die Regenerationsfähigkeit reicht nicht mehr aus. Tote Korallenriffe, versteinerte Natur, verkarstete Seelenlandschaften. Radioaktivität, unsichtbare Todesstrahlen. Der Zutritt ist strengstens verboten. Der Austritt unterbleibt.

Die Umwelt wirkt bedrohlich. Die Innenwelt muß verteidigt werden. Der Andersartige, der lebendige Mensch – Mann, Frau, Kind – wird zum Feind:

Die aufgestauten Gefühle dienen nicht als Energie zur Selbstbefreiung. Sie werden dazu verwendet, den unbequemen Anderen ins eigene Gefängnis zu stecken. Mit zusammengebissenen Zähnen und Wut im Bauch wird der Andere bedrängt, geschoben und Widerstand vergewaltigend gebrochen.

Paragraphenreiter, Funktionsträger, Funktionäre, Büro-kraten, Sachzwänge, Lehrstellen, Studienplätze, Gesetzestexte – alles, was zur Verfügung steht, wird benutzt, gefügig zu machen. Wie Du mir, so ich Dir! Läßt sich der Spieß umdrehen, geht es dem Peiniger an den Kragen.

k. tut das

»Nicht jeder frißt die Sinnlosigkeit von Beton, von Arbeit, von Unterdrückung, von Macht in sich hinein, um sie als geballte Wut dorthin zurückzuschleudern, woher sie kam. k. tut das.

k ist Hausbesetzer, Steinewerfer, streetfighter, Einzelkämpfer – davor war er Student. Der Sog des Widerstandes gegen alles, gegen alle, die registrieren, einsperren, rekrutieren, vorarbeiten, regieren, hat ihn mitgerissen.«

k. über Gewalt:

»Denn Gewalt ist, in etwas versteckterer Form, überall in diesem Staat Mittel zur Unterdrückung. Sei es in Form von Abriß und Wohnsilo, Staatsgewalt und Knast, Willkürjustiz und ›gesetzlicher‹ Festschreibung von Leben, Hierarchie in allen Bereichen, Mediengewalt und sonstiger psychischer Gewalt, Werbung usw. Überall wird Macht im Falle konkreter Anwendung Gewalt, gewaltsame Unterdrückung. Und

im Fall derer, die Widerstand leisten, wird die Gewalt offen: Körperliche Gewalt.«
(Aus: Michael Wildenhain: Zum Beispiel k., 1983)

Dieser Gegengewalt werden immer engere Grenzen gesetzt. Der innere Druck wächst. Für viele scheint es nur zwei Alternativen zu geben: sich anzupassen, Rückzug nach innen, und den Druck in irgendeiner Form, auch als Selbst-Deformation, zu verarbeiten – oder auszusteigen nach der Devise: no future.
Ein Mittelbereich zwischen Anpassung und Aussteigen wird nur von einer Minderheit gesehen: Immer in Bewegung bleiben, unruhig sein, Unruhe stiften, oszillieren, hin- und herschwingen.

Die Unruhe, die heute von den Menschen ausgeht, bewirkt oft große geschichtliche Veränderungen. Sie kann sich nicht mehr, wie früher, in Revolutionen Luft machen, weil der moderne technisch bestückte Repressionsapparat zu stark geworden ist. ... Ich meine, Unruhe ist heutzutage erste Bürgerpflicht.
(Robert Jungk nach einem Interview in der Rheinischen Post, 109, 1983)

Und diese heilsame Unruhe wächst, breitet sich aus, trägt Früchte. Nicht jeder nimmt sie wahr, die meisten leugnen sie, manche verschließen willentlich Augen und Ohren oder schauen vorbei. Es ist wie ein fernes Grollen, ein anhaltendes Zittern, oft noch verborgen unter zugepflasterten Straßen und Plätzen. Eine Botschaft, die von tief unten zu uns herüberdringt. Vor allem zu denen, die aufgrund ihrer Verletzbarkeit besonders feine Antennen entwickeln mußten. »Die Indianer sind nicht mehr fern«, möchte ich der 17jährigen Jenny Kern im Film* zurufen, um zu verhindern, daß sie sich – ohne Hoffnung auf Wärme, Zuneigung und Verständnis – für den Kältetod in einem Waldstück bei Lausanne entscheidet.
Ich bin der Ansicht, daß wir heute – dringender denn je zuvor – »Hoffnungsbilder gegen die Macht der stärksten Nicht-Utopie: den Tod« (Bloch, 1973) brauchen.
Dazu zählen viele positive persönliche Erfahrungen – aber auch

* »Les indiens sont encore loin«: Schweizerisch-französischer Spielfilm von 1976/77.

alternative Bewegungen, die noch nicht völlig verkrustet sind: Bei meiner Arbeit als Therapeut wie als Gruppenleiter und als aufmerksamer Beteiligter an Gesprächen in München, Imperia, Belissimi, Kiel oder Passau spüre ich, wie immer mehr Menschen dabei sind, innere Erschütterungen zuzulassen und Verwirrung eher als Chance denn als Gefahr zu betrachten. Und ich merke an mir selbst, wie ich damit anfange, mich mit meinem Zittern anzufreunden. Erschütterung – mein persönliches Beben – als natürliche Begleiterscheinung des Aufeinandertreffens und Assimilierens von »alter Haut« mit neuen Erlebnissen, Gefühlen und Eindrücken.

Erstaunt registriere ich auch: Artfremde Wesen machen sich im Deutschen Bundestag breit. In handgestrickten Pullovern sagen sie dem Deutschen Bundeskanzler den Kampf an: ». . . wir befinden uns in praktisch jeder politischen Frage zu Ihnen und Ihrer Regierung im inhaltlichen Gegensatz«, ruft Marie-Luise Beck-Oberdorf, Abgeordnete der »Grünen«, Helmut Kohl zu. Wer hätte je gedacht, daß Bundestagsabgeordnete mit dem Fahrrad vorfahren und sich für so etwas scheinbar Banales wie natürliche Kost im Bundestagsrestaurant einsetzen. Und im gleichen Atemzug entschiedenen, aktiven Widerstand gegen die Raketenstationierung ankündigen: »Und wir werden in diesem Herbst den Anfang machen, wenn wir aus diesem Parlament herausgehen, um uns mit all unserer Kraft und physischen Existenz gegen die Stationierung der Raketen gewaltfrei zu wehren.«

Immer mehr Menschen spüren, daß die Menschheit an einem Schaltpunkt ihrer Existenz steht. »An großen Wenden der Geschichte wird die Entfremdung groß, bis zur Gefahr, daß der Mensch sich verliert«, warnte schon 1956 Hans Freyer in seinem Buch »Theorie des gegenwärtigen Zeitalters«. Und gleichzeitig macht er (im Kontext der damaligen Wiederbewaffnungsdebatte!) Mut: »Es gibt Situationen, die allen zuwachsenden Kräften zu tun geben und die für alle ihre Aufgaben Kräfte finden. Dies sind die eigentlichen Erntezeiten der Geschichte, ihre ›Herbste‹«. Ich wünsche uns einen farbigen Herbst, damit sich diese kreative Unruhe weiter ausbreiten kann und nicht durch

Kettenreaktionen atomarer Pilze gestoppt wird. Wir können auf diese holocaustartige Pilzernte verzichten, die keine Hoffnung auf einen Neubeginn unter anderen Vorzeichen keimen läßt!

Die neue Freiheit

> *Unter Freiheit verstehe ich nicht die Freiheit von Leitprinzipien, sondern Freiheit, der Struktur der menschlichen Existenz entsprechend zu wachsen.*
> *Erich Fromm*

Dieses Buch geht von der Annahme aus, daß der bewußt lebende Mensch alle seine Möglichkeiten einsetzt – auch seine konstruktive Aggression –, damit er sich entsprechend seiner natürlichen Struktur entfalten kann. Intuitiv wehrt er sich gegen jede Form von Einmischung, Manipulation und Zwang, der von außen an ihn herangetragen wird oder sich von innen – als Schuldgefühl – bemerkbar macht. Für seine persönliche Freiheit, für die Möglichkeit der Selbstentfaltung, ist er bereit, zu protestieren und sogar zu prozessieren, wenn er keinen anderen Ausweg mehr sieht.

Die Zahl derjenigen, die sich dagegen wehren, daß ihnen eine Art »seelischer Hornhaut« wächst, ist im Steigen begriffen. Lehrlinge lassen sich nicht mehr nach Lust und Laune herumkommandieren; Schüler sind zunehmend weniger bereit, ihr Mäntelchen nach dem Wind zu hängen, und bestehen darauf, daß ihre Meinungen gehört werden; Arbeiter und Angestellte setzen sich für menschlichere Arbeitsbedingungen und gerechtere Bezahlung ein; Frauen sind nicht bereit, sich patriarchischen Familienoberhäuptern wortlos zu beugen; Männer drängen auf das Recht, ihre Kinder aktiv mitzuerziehen, und sie sind bereit, für ein Mehr an Freizeit auch finanzielle Einbußen und geschmälerte Aufstiegschancen in Kauf zu nehmen; Minderheiten spielen nicht mehr Versteck vor dem »gesunden Volksempfinden«, sondern stehen

76

zu ihren Gefühlen und Bedürfnissen; ältere Leute lassen sich nicht ohne viel Federlesens abschieben: sie tun sich zusammen (»Graue Panther«) und sorgen dafür, daß sie gehört werden.

Die Anhängerschaft einer Bewegung, die sich gegen Umweltverschmutzung wehrt und dafür eintritt, daß verkrustete Innenweltstrukturen aufgeweicht werden, wächst. Für viele ist es gar keine Frage mehr, daß Spannungen und Konflikte zum Familien- und Berufsalltag gehören. Das »warme Nest«, die absolute Sicherheit, die sorglose Zukunft gibt es ebensowenig wie die »heile Welt« oder die »gesunde Familie«. Nichts Gewolltes hält ewig – vieles ist im Wandel begriffen. Was für heute stimmt, kann morgen bereits fehl am Platz sein. Ich meine hiermit nicht die Parole der Wegwerf- und Konsumgesellschaft, nach der wir immer wieder bereit sein sollen, von unseren Videoanlagen, Fernsehern, Autos und was sonst noch alles zum alsbaldigen Verbrauch produziert wird, im Rhythmus technischer Neuentwicklungen Abschied zu nehmen. Es ist vielmehr die Rede vom fortwährenden Loslassen und Wiederzupacken, vom Entfernen und Wiederkehren – von Kontakt und Rückzug. Der Mensch ist hierbei im Vordergrund. An ihm sind neue technische Entwicklungen zu messen. Alles ist daraufhin zu überprüfen, ob sein Körper oder seine Seele Schaden nehmen könnten.

Vor allem in den Industrieländern wächst der Widerstand gegen staatliche Bevormundung, gegen Bürokratismen, gegen Umweltschäden und die atomare Bedrohung – sei es durch Atomkraftwerke oder durch die Stationierung von Vernichtungswaffen. »Ich habe beobachtet, daß in der heutigen Zeit der sozialen Erschütterungen menschliche ›Erdbeben‹ (weil Menschen sich wehren) viel wahrscheinlicher, häufiger und geschichtsträchtiger sind als geologische Erdbeben« (Jungk, 1983).

Es bliebe abzuwarten, ob sich die »Wut im Bauch« gegen die Vergewaltigung von Mensch und Natur unkontrollierbar – analog einem See- oder Erdbeben – Luft macht, oder ob es gelingt, den destruktiven Teil der Aggressivität vom konstruktiven zu trennen. Ob der Widerstand gegen die atomare Aufrüstung gewaltfrei vor sich geht oder ob das, was sich bei manchen bereits seit Jahren oder Jahrzehnten aufgestaut hat, destruktiv ausdrükken wird.

Der Umgang mit der Aggression kann als Herausforderung verstanden werden, die Lust an der Zerstörung anderer in Zaum zu halten und dennoch Kraft und Energie zur Verfügung zu haben, wenn es an der Zeit ist, passiv Widerstand zu leisten.

Im Gegensatz zur Studentenbewegung der sechziger Jahre legt die Opposition unserer Zeit viel Wert auf »gewaltfreien Widerstand«. Es ist die Aufforderung, sich zu wehren, ohne Personen oder Sachen Schaden zuzufügen. Im Laufe der Jahre ist die Einsicht gewachsen, daß die Aufforderung »Macht kaputt, was Euch kaputt macht« exzessive aggressive Übergriffe von der Gegenseite provoziert und nicht geeignet ist, den eigentlichen Zielen näherzukommen.

5 Ärger, Wut und Groll – gesunde und krankmachende Lösungswege

»Ich ärgere mich grundsätzlich nicht«, sagte kürzlich im Brustton der Überzeugung ein etwa 40jähriger Diplomkaufmann. »Herzlichen Glückwunsch«, antwortete ich ihm. »Können Sie mir vielleicht verraten, wie Sie das machen? Ich schreibe gerade ein Buch über Aggression, und dabei stoße ich allenthalben darauf, daß aggressives Verhalten ohne vorherigen Ärger gar nicht denkbar ist.«

»Das müssen Sie schon selbst herausfinden«, sagte er spitzbübisch lächelnd: »Mir ist das anscheinend in die Wiege gelegt worden. Was meinen Sie wohl, was in meinem Betrieb los wäre, wenn ich erst anfangen würde, bei den vielen Pannen, die da passieren, in die Luft zu gehen? Da müßte ich jeden Abend mein schwerverdientes Geld zu Ihnen tragen, damit Sie mich wieder zusammensetzen!«

»Was ich nicht weiß, macht mich nicht heiß« – oder doch?

Wenn wir einmal davon ausgehen, daß dieser Unternehmer von seinen Mitarbeitern ebenso ausgeglichen wahrgenommen wird, wie er sich selbst darstellt, so scheint er ein Rezept gefunden zu haben, Ärger zu vermeiden.

Mit ziemlicher Wahrscheinlichkeit sind für ihn die ständigen Pannen ein natürliches Gesetz des Betriebsablaufs. Er ist nicht frustriert, wenn etwas nicht richtig läuft. Aus diesem Grund steigt auch keine »negative Erregung« – also kein Ärger und keine Wut – in ihm hoch, und er bezieht die Panne wahrscheinlich auch nicht auf sich. Er ist nicht persönlich gekränkt oder gar beleidigt, fühlt sich nicht ausgetrickst oder zum Narren gehalten. Für ihn gehört das alles zum Job – oder wie die Amerikaner sagen: »It's part of the game.« Mit dieser Einstellung gerät er dann auch nicht in die Gefahr, aggressiv zu reagieren, sondern »schwebt über den Dingen«.

Nicht so der Arbeiter, der die Panne mit weniger Freizeit ausbügeln muß: Auch wenn er die Überstunden bezahlt bekommt, denkt er vielleicht etwas anders darüber. Für ihn wird es nicht so einfach sein, über den Dingen zu stehen, da es für ihn anders aussähe, wenn er einmal »das Spiel« nicht mehr mitspielen wollte oder mitspielen dürfte. Er ist existentiell direkter bedroht und spürt die Erregung körperlich in sich aufsteigen, wenn etwas einmal nicht richtig läuft. Er ist in Gefahr, von aggressiven Impulsen überrollt zu werden, die als Begleiterscheinungen von Wut und Ärger zwangsläufig aufsteigen.

Neuere Untersuchungen zur Aggressionsforschung bestätigen diese Annahme. Danach stellt die durch eine Frustration ausgelöste negative Erregung die physiologische Grundlage aggressiven Verhaltens dar, und es wird weiterhin für möglich gehalten, daß »die Aggression eine angeborenermaßen auf Wut und Ärger folgende Verhaltensweise sei«. (Berkowitz, 1962, nach Selg, 1975).

Bleiben wir noch etwas bei dem 40jährigen Diplom-Kaufmann. Bei einem Spaziergang mit seiner Frau und den Kindern war er gar nicht mehr der souveräne Chef. Er stritt sich ständig über die Bezeichnung der am Weg blühenden Blumen und Kräuter und gab seinem Sohn Burkhard auch mal ein paar Stöße in die Rippen, als der unabsichtlich (?) in eine Pfütze trat. Wie läßt sich diese Verwandlung erklären?

Nun, wir verhalten uns in unterschiedlichen Rollen verschieden. Nach diesem Konzept der Unterpersönlichkeiten ist es möglich, daß sich der Chef eines Unternehmens seinen Mitarbeitern gegenüber fast nie offen aggressiv verhält; in seiner Rolle als Vater jedoch penibel jeden »Ausrutscher« seiner Kinder registriert und sie mit Ärger in der Stimme zurechtweist. Wie er sich als Ehepartner seiner Frau gegenüber verhält, steht wiederum auf einem anderen Blatt.

Warum ist er nun aber im Betrieb stets ausgeglichen und privat oft nur schwer zu ertragen? Auch bei der Beantwortung dieser Frage sind wir auf Vermutungen angewiesen: für ihn stellt der Betrieb den Lebensunterhalt dar. Er weiß aus Erfahrung, daß sich das Betriebsklima und die Gewinnerwartung immens verschlechtern würde, wenn er bei jeder Panne explodierte. Intuitiv lebt er die aggressiven Seiten seiner Person in der – auf den ersten Blick – ungefährlicheren Privatsphäre aus. Ohne ständig gegen den »inneren Schweinehund« ankämpfen zu müssen, *ist* er bei der Arbeit der gutmütige, verständnisvolle Chef. Er hat, wie viele andere Menschen auch, schnell gelernt, die betriebliche Situation mit all ihren Unzulänglichkeiten grundlegend anders wahrzunehmen als die Erziehungssituation. Ob dies nicht doch letztendlich daran liegt, daß uns von klein auf anerzogen wurde, dort, wo es ums Brötchenverdienen geht, lieber »kleine Brötchen« zu backen und den Mund nicht vorschnell aufzureißen? Eine Haltung, die uns – um es einmal vorsichtig auszudrücken – eine am Haben- und Besitzstandsichern interessierte Gesellschaft im Laufe des Sozialisationsprozesses »nahegelegt« hat.

Es gibt also Situationen, in denen Ärger und Groll gar nicht erst auftauchen, weil wir es uns zeit unseres Lebens selbst verboten haben, diese Situationen mit all der Bedrohung, die in ihnen steckt, wahrzunehmen. Selbstverständlich haben bei diesem Nicht-hinschauen-Wollen auch die Vorbilder unserer Eltern, unserer Lehrer und Lehrherren eine nicht unwesentliche Rolle gespielt.

Verantwortlich dafür ist der in uns allen vorhandene Wunsch nach Sicherheit, der stets danach trachtet, daß scheinbar intakte Situationen (z. B. Arbeitsplatz, Frieden, Lebensrhythmus, Ehe und Familie, das Bild von unserer Person) nicht unnötig problematisiert oder frustriert werden.

Wie der Anstieg seelischer und psychosomatischer Erkrankungen beweist, heißen Nicht-sehen-Können und Nicht-sehen-Wollen nicht, daß unabhängig davon unser Körper Frustrationen nicht trotzdem registriert und über kurz oder lang mit Krankheitsanzeichen reagiert (z. B. Migräne, Herz- und Kreislaufbeschwerden, Krebs).

Zu fragen ist, ob es sich nicht – trotz aller Sicherheitsbestrebungen – doch empfiehlt, hin und wieder auch einmal unsere »heiligen Kühe« oder »Inseln der Ruhe« samt ihrer Kehrseite genauer zu betrachten? Vielleicht hilft dabei die Erkenntnis, daß es das immerwährende Glück nicht gibt, und daß alles im Leben seine zwei Seiten hat?

Ärger reinfressen, runterschlucken, ein Leben lang grollen

Ich grolle nicht,
wenn mir das Herz auch bricht . . .
Heinrich Heine

Jedesmal, wenn ihm seine Freundin damit drohte, die gemeinsame Wohnung zu verlassen und wieder zu ihren Eltern zu ziehen, spürte Jürgen B., wie sich sein Bauch zu einer festen Kugel zusammenzog. Sein Puls raste, das Herz schlug wie wild, seine Hände zitterten. »Jetzt nur nichts anmerken lassen«, sagte Jürgen zu sich selbst. Er atmete mehrere Male tief durch, murmelte etwas Unverständliches vor sich hin und verzog sich auf die Toilette. Dort gewann er allmählich seine Fassung wieder.

Als er wieder ins Zimmer trat, wirkte er ruhig, entspannt und ausgeglichen. »Auf den Schrecken trinken wir erstmal einen Schluck«, meinte er und lächelte seiner Freundin zu. »Weißt Du was, am Wochenende lassen wir es uns mal richtig gut gehen. Wir fahren nach Südtirol und entspannen uns.«

Vom Auszug wurde nicht mehr gesprochen, der Ärger war nicht mehr zu spüren; bis zur nächsten Auszugsdrohung herrschten zwischen den beiden wieder eitel Freude und Sonnenschein.

Unangenehme Gefühle möglichst gar nicht hochkommen zu lassen, sie schnellstens unter Kontrolle zu bringen und sich von all dem nichts anmerken zu lassen. Und wenn gar nichts half, mußte der Alkohol her, damit der Ärger leichter rutschte und sich der Magen schneller entspannte. Jürgen B. hatte ein Rezept entwickelt, die Auseinandersetzung mit Ärgergefühlen zu vermeiden. So kam es nie zum Äußersten: »Ich kann mich nicht erinnern, einmal richtig explodiert zu sein«, sagte er zu dem Internisten, den er wegen seines Sodbrennens aufgesucht hatte.

So wie Jürgen B. gehen viele Menschen mit Ärger- und Unmutgefühlen um: Anstatt diese Gefühle auszudrücken, werden sie bereits »vor ihrer seelischen Geburt« abgetrieben, zerstückelt und runtergespült. Dieses Vorgehen entspricht der Wegwerfmentalität unserer Zeit. Was wir nicht brauchen können, was lästig und unerwünscht ist, wird unbesehen in den Mülleimer geworfen.

In diesem Fall sind wir selbst der Mülleimer, in dem aufkeimender Ärger, Unzufriedenheit, Zweifel oder Aufbegehren verschwindet. Und je mehr wir davon runterschlucken, unzerkaut und »unverdaubar«, desto schneller wird dieser Eimer voll.

»Nach manchem Arbeitstag kann ich keinen unfreundlichen Blick, keine kritische Bemerkung und schon gar keinen Menschen ertragen, der selbst unter Spannungen steht. Da bin ich randvoll mit all dem Mist, den ich in der Firma haben hören müssen«, klagt eine Sekretärin und läßt sich erschöpft in einen Sessel fallen.

Beim Ausleeren des Mülleimers – sofern dies überhaupt einmal richtig geschieht – erwischt es nicht selten Unbeteiligte: Viel stinkender Müll wird dann über Schwächere, Andersdenkende oder nahe Verwandte gekippt, von denen angenommen wird, sie könnten diese Reaktion verstehen. »Wozu habe ich denn geheiratet, wenn ich am Abend meiner Frau nicht erzählen darf, was alles im Betrieb los war«, rechtfertigte sich ein Verwaltungsangestellter, der mit Eheproblemen in die Beratungsstelle gekommen war.

Verglichen mit denen, die alles mit sich selbst ausmachen oder niemanden kennen, bei dem sie sich ausweinen können, sind diejenigen noch relativ gut dran, die wissen, wo ihre »Müllkippe« zu finden ist. Es kann allerdings kein Zweifel daran bestehen, daß es sich bei mutwilliger Benutzung anderer Menschen zu solchen Zwecken um seelische Grausamkeit handelt – um einen Akt indirekter Aggression. Wer aber seinen Ärger gewohnheitsmäßig herunterschluckt, richtet ihn gegen sich selbst, d. h. er verhält sich autoaggressiv und schädigt damit seinen eigenen Organismus.

Vollgestopft mit Ärgerimpulsen, mit Wut und Empörung engen wir gewaltsam unsere natürliche Struktur ein. Wir unterbrechen die schon oft genannten natürlichen Zyklen von Kontakt und Rückzug und töten so jedesmal ein Stückchen Leben und Lebendigkeit. Ganz zu schweigen davon, daß wir durch derartige Selbstverstümmelungen auch die Voraussetzungen für einen lebensgefährlichen Kampf in uns selbst schaffen:

Ich meine den emotionalen Streß, der im Laufe der Jahre chronisch werden kann und dem es an Möglichkeiten fehlt, sich zu bewegen.

In ihrem Buch: »Wieder gesund werden«, einer »Anleitung zur Aktivierung der Selbstheilungskräfte für Krebs-Patienten und ihre Angehörigen« (Simonton u. a., 1982), fassen die Autoren einige wichtige Forschungsergebnisse so zusammen:

● Großer emotionaler Streß erhöht die Krankheitsanfälligkeit.

● Chronischer Streß bewirkt eine Hemmung des Immunsystems, die wiederum die Anfälligkeit für Krankheiten erhöht – insbesondere für Krebs.

● Emotionaler Streß, der das Immunsystem hemmt, führt auch zu hormonalem Ungleichgewicht. Dieses Ungleichgewicht könnte die Vermehrung anormaler Zellen gerade zu einer Zeit fördern, da der Körper am wenigsten imstande ist, sie zu zerstören.

Als letzte Form krankmachenden »Hineinfressens« von Ärgergefühlen muß der innere Groll genannt werden, Groll ist unverdauter Ärger, der schwer im Magen liegt und sich mit einem mehr oder weniger starken Rumoren immer wieder in Erinnerung bringt. Er ist vergleichbar mit einer Autobatterie, die sich während der Fahrt immer wieder auflädt, um auf Knopfdruck Energie abzugeben.

Die negative Energie, die alter Groll uns liefert, wird aus den Ressentiments gespeist, die »unerledigten Geschäften« (Perls) eigen ist. In der Regel sind dies schmerzhafte oder grausame Erfahrungen, die andere Menschen uns zukommen ließen. Oft reichen sie bis in die früheste Kindheit zurück, in eine Zeit, als wir uns nicht mit den Mitteln wehren konnten, die uns heute zur Verfügung stehen. Damals haben wir den Schmerz, den Ärger oder die aufsteigende Wut heruntergeschluckt. Oft war dies leider die einzige Möglichkeit, um nicht daran ersticken zu müssen.

Manche Menschen haben die Hoffnung aufgegeben, sich jemals von diesem dumpfen Gefühl befreien zu können, und nehmen es wie ein unabänderliches Schicksal hin, wenn altbekannter Groll sich wieder rührt. In dem schon erwähnten Anti-Krebs-Buch von Simonton (S. 224/225) wird eine Methode beschrieben, die ich aus meiner eigenen therapeutischen Arbeit kenne und die ich als Möglichkeit zur Selbsttherapie von Groll empfehlen möchte.

Visualisierungsübung zur Überwindung des Grolls
(Nach Emmet Fox: »Sermon on the mount«)

1. Setze dich in einen bequemen Sessel. Achte darauf, daß deine Fußsohlen ganz den Boden berühren. Schließe die Augen.
2. Fühlst du dich angespannt oder abgelenkt, dann stimme dich mit einer Entspannungsübung auf diese Visualisierung ein.
3. Stelle dir einen Menschen möglichst deutlich vor, gegen den du Groll hegst.
4. Stelle dir vor, wie diesem Menschen Gutes geschieht – vielleicht wird ihm Liebe und Anerkennung zuteil. Lasse

ihm das zukommen, worüber er sich deiner Meinung nach sehr freuen würde.

5. Achte auf deine eigenen Reaktionen. Fällt es dir schwer, dir das Glück dieses Menschen bildlich vorzustellen, so ist das eine ganz natürliche Reaktion. Es wird leichter, je mehr du es übst.

6. Denke darüber nach, welche Rolle du beim Zustandekommen der streßerzeugenden Situation gespielt haben magst und ob du nicht den Vorfall und das Verhalten des anderen Menschen auch anders auslegen könntest. Stelle dir vor, wie die Situation dem anderen von seinem Standpunkt aus erschienen sein mag.

7. Mache dir bewußt, um wieviel sich deine innere Anspannung und dein Groll verringert haben. Versprich dir, daß du dir dieses neue Verständnis erhalten wirst.

8. Nun kannst du die Augen wieder öffnen und deinen gewohnten Tätigkeiten nachgehen.

... Sie können diese Methode auch anwenden, um Streß-Situationen zu begegnen oder wenn Sie sich mit unverarbeiteten Erfahrungen herumplagen.

Selbst für den Experten sind die unzähligen Wege, die »Kopf und Bauch« finden, um so etwas schwer Verdauliches wie Ärger und Groll wieder aus der Innenwelt zu entfernen, Anlaß zu ungläubigem Kopfschütteln.

Schadenfreude: Sich zu freuen, wenn der Kollege, der Nachbar, der politische Gegner »einen Bock geschossen« hat. Als »die reinste Freude« gilt die Schadenfreude wohl deshalb, weil sie uns von Aggressionsdruck entlastet, ohne daß wir dem anderen Ungutes zu wünschen, zu sagen oder gar zu tun brauchen.

Projektion: Sich zu erleichtern, indem man Wut und Ärger, weil man sie in sich selbst nicht zulassen kann, in andere hineinlegt: Der andere ist ärgerlich, kommt nicht mit seinen Gefühlen zurecht, ist der Aggressor.

Die Ehefrau, die sich über den aggressiven Ton ihres Mannes

ärgert, schreit: »Brüll doch nicht, ich kann dich auch verstehen, wenn du leiser redest.« – Er, innerlich kochend: »Ich schrei ja gar nicht, du schreist!« – Sie, wütend: »Ich soll schreien? Daß ich nicht lache! Wenn hier jemand schreit, dann wohl du!«

Aggressionsphantasien: Sich zu erleichtern, indem man sich aggressive Handlungen, zumeist an Personen, gegen die man sich in der Realität nicht wehren kann, in der Phantasie ausmalt. So der Schüler, der keine Möglichkeit sieht, sich gegen einen zynischen, kalten Lehrer zu behaupten. Statt dessen nagelt er ihn in seiner Phantasie ans Kreuz. Er schneidet mit der Schere seine Zunge entzwei; öffnet mit einem Skalpell fachmännisch den Unterbauch und näht ihn eigenhändig wieder zu, nachdem er einen Schwarm Wespen eingepflanzt hat. (Analog dem Film: »Moritz, lieber Moritz« von Hark Bohm).

Nicht unerwähnt soll hier bleiben, daß auch die Produktion eines Films über Aggression, das Schreiben des Drehbuchs oder des wissenschaftlichen Begleitmaterials eine vorzügliche Form sein kann, sich mit der eigenen Aggression auseinanderzusetzen. Nicht zu vergessen die hautnahen Möglichkeiten, die die Darsteller bei ihrer Arbeit haben: Unter dem Deckmantel »Arbeit« können sie in die Haut eines anderen schlüpfen und dann lautstark ihre eigenen Aggressionen nach draußen befördern.

Getarnte Feindseligkeit

Hierbei werden die Hiebe unter dem Tisch verteilt. Der Aggressor ist nicht auszumachen und kann daher auch nicht zur Verantwortung gezogen werden. Wird er gefragt, ob er heimlich getreten hat, so wird er dies entrüstet leugnen. Dabei fühlt er sich auch noch moralisch im Recht, denn er nimmt bei sich selbst gar keine aggressiven Impulse wahr. Und auch Gemeinheit ist ihm völlig fremd.

In der Regel gelingt es dem getarnten Aggressor, nicht erkannt zu werden, und er schlägt so zwei Fliegen mit einer Klappe: Er kann seinen Ärger loswerden, beim Gegner den gewünschten blauen Fleck hinterlassen und dennoch selbst heil aus der Angelegenheit herauskommen. Er kann, wie G. Bach in seinem Buch »Streiten verbindet« schreibt: ». . . die Kuh schlachten und trotzdem weiter melken.«

Der Pferdefuß bei dieser indirekten Aggressionsform – die übrigens für Gesellschaftsordnungen typisch ist, in denen Tricksen und Hereinlegen die wichtigste Methode zur Gewinnsteigerung zu sein scheint – liegt darin, daß langfristig nicht nur das Opfer, sondern auch der getarnte Aggressor die Suppe auslöffeln muß. Dies ist in Paarbeziehungen auf den ersten Blick einsichtig. Eine Ehe, in der Auseinandersetzungen nach solchen Regeln ausgetragen werden, hat keine Chance, in ihrem Kern gesund zu bleiben. Sie ist auch nur sehr schwer zu heilen, weil der erste Schritt sein müßte, der Feindseligkeit die Tarnkappe vom Kopf zu ziehen und persönliche Verantwortung für aggressive Impulse zu übernehmen. Woher soll diese Reife und Risikobereitschaft aber kommen, wenn jahrelang Angst und Zaghaftigkeit vorherrschend waren? Das einzige, was hilft, ist ein deutlich sichtbares Herumlegen des Ruders: »Ich habe versucht, Dich auszutricksen, meine persönliche Aggressivität geleugnet, Dich oft bis zur Weißglut gereizt, mich über Deine Hilflosigkeit gefreut und Dich oft auch noch ausgelacht. Damit ist jetzt Schluß. Ich kann Dir nicht versprechen, daß ich in der Zukunft in der Lage sein werde, zu meinem Ärger zu stehen. Aber ich will es ernsthaft versuchen. Keine Tricks mehr, Feigheit ade; ab jetzt kommt alles auf den Tisch, auch wenn es manchmal nicht eben fein riecht oder appetitlich aussieht!«

Mit einem solchen Kurswechsel hätte eine aus dem Ruder gelaufene Beziehung vielleicht eine Chance. Eventuell auch eine Gesellschaft, die sich tagtäglich versteckt gegen Mensch und Natur aggressiv verhält und nicht müde wird, die Verantwortung dafür zu leugnen.

Man muß lange suchen, um eine menschliche Ausdrucksform unserer Zeit zu finden, die so schwer gestört ist, wie die des Sich-Ärgerns, Wut-Äußerns und Streitens.

Obwohl bei uns gezankt und gestritten wird wie wohl kaum zuvor und keiner behaupten kann, es mangele an latenter und offener Aggression – die Art und Weise, wie hierzulande mit Ärger und Wut umgegangen wird, zeigt hochneurotische Züge und stellt eine ernste Gefahr für Partnerbeziehungen, für Familien und Arbeitsteams dar, ja sogar für den inneren und den äußeren Frieden. Die Störungen sind bereits so weit fortgeschritten, daß man allen Grund hat, auch an der Selbstheilungsfähigkeit des menschlichen Organismus in bezug auf diese *Krankheit* zu zweifeln.

Für unser Wohlbefinden ist es allemal besser, den Ärger rauszulassen, als endlos mit ihm schwanger zu gehen: »Mensch, ärger Dich doch!« Dies wurde hoffentlich schon aus meiner kritischen Haltung gegenüber autoaggressiven und indirekten Aggressionsformen wie Runterschlucken, Runterspülen, Reinfressen, Grollen, Projizieren, Phantasieren und Delegieren deutlich.

Wie weit die Störung bereits fortgeschritten ist, läßt sich vor allem an den vielen *Unterbrechungen im Aggressionszyklus* ablesen, die so mannigfaltig sind, daß es sich lohnen würde, allein darüber ein Buch zu schreiben.

Der Umgang mit Ärger und Aggression ist ein Thema, das nicht umsonst in den letzten Jahren in psychologischen Trainings, Selbsterfahrungsgruppen und Therapien immer mehr in den Vordergrund gerückt ist: z. B. »Streittrainings« in Volkshochschulen und im Gesundheitspark München, »Aggression-Labs« in Beverley Hills, Kalifornien. (Literatur: Bach/Goldberg, 1981; Bach/Wyden, 1981; Pieritz/Spahn, 1978 u. 1982; Sobez/Verres, 1980.)

Der »richtige« (?) Umgang mit Aggressionen ist selbstverständlich auch Teil von Mitarbeitertrainings in Betrieben (Geissler, 1977) und wird vermutlich auch bei der Ausbildung von Polizisten und Bundeswehrsoldaten thematisiert werden.

»Nachhilfestunden« in diesem Sinne erhalten wir alle ständig durch die Tagesschau und Tageszeitungen: »Reagan bezichtigt Moskau der direkten aggressiven Einmischung in die inneren Angelegenheiten lateinamerikanischer Staaten« oder aus lokaler

Perspektive: »Fußballrowdys verwüsteten S-Bahn-Wagen. Polizei mußte hart durchgreifen!«

Probleme mit der Aggression treten, wie bereits erwähnt, meist erst dann ins öffentliche Bewußtsein, wenn sie sich der Tarnhaube entledigt und zur körperlichen Auseinandersetzung eskaliert haben. Die nachfolgenden Hinweise sollen unsere Aufmerksamkeit vor allem auf die Punkte der Auseinandersetzung lenken, an denen wir aufgrund unserer Unsensibilität und »miserablen« Aggressionserziehung immer wieder ins Stolpern geraten.

Daß zu einem fairen Streit immer zwei gehören, liegt auf der Hand. Wir werden auch sehen, wie schwierig es ist, sich konstruktiv auseinanderzusetzen, wenn einer mit »gezinkten« Karten spielt. Sollte es sich bei dem Falschspieler sogar um den Gesetzgeber bzw. die ausführenden Organe handeln, so muß die Frage aufgeworfen werden, welche legalen Möglichkeiten es gibt, sie zur Einhaltung des Fairneßprinzips zu bewegen.

6 Mensch, ärgere dich doch!

Vielleicht versuchen Sie, die folgenden Prinzipien für faire Auseinandersetzungen nicht nur im Rahmen des Streits zwischen Eltern und Kindern oder zwischen Ehepartnern zu sehen, sondern auch auf Auseinandersetzungen zwischen Staat und Bürgern zu übertragen.

Vordergrund und Hintergrund beim Streiten

Eine Erzieherin sagte mir einmal voller Überzeugung: »Ich konnte mich nur deshalb so intensiv mit den Jugendlichen streiten, weil ich sie alle gernhatte.«

Dieser Gefühlshintergrund, der besagt, daß es auch beim Streit um etwas geht, was mit Menschen zu tun hat – ja sogar etwas ursächlich Menschliches ist – wird leider viel zu selten gesehen. Wenn wir nicht mehr mit Spaß und Freude streiten können, so liegt dies daran, daß es uns dabei – typisch für die Ex- und Hopp-Beziehungen vieler Menschen unserer Zeit – fast immer um die physische und psychische Vernichtung des Gegners geht. Es wird bei uns in der Tat oft so gestritten, als ginge es um Leben und Tod.

Daß in dem Wort Aggression auch das aggredi (= Auf-den-anderen-Zugehen) enthalten ist, wird zunehmend ignoriert. Mensch, ärgere Dich doch! Und schau Dir dabei Dein Gegenüber genau an. Er ist ebenso, wie Du, nur ein Mensch: behaftet mit Fehlern und Unzulänglichkeiten. Wenn Du willst, daß er Deinen Ärger in sich reinläßt und sich mit ihm – also auch mit Dir – auseinandersetzt, so vergiß nicht, daß hinter Ärger, Wut und Aggression noch die Einigung, die Versöhnung zu sehen sein muß.

Die Erleichterung, die dem Dampfablassen folgt, kann manchmal alles sein, was der Körper braucht. So ist es durchaus legitim, diesen Ärger, ohne lange zu überlegen, nach draußen zu transportieren. Soll jedoch eine Lösung erreicht werden, die den Ärger langfristig überflüssig macht, so müssen wir dafür sorgen, daß er auch den anderen erreicht. Dann ist es mit dem Gefühlssturm nicht getan, sondern es braucht auch Unterstützung durch den Verstand – so widersprüchlich dies auf den ersten Blick erscheinen mag.

Oft kann der Verstand helfen, wenn es darum geht, Ort und Zeit der Auseinandersetzung zu bestimmen.

Der richtige Ort und der passende Zeitpunkt

Es hat sich allmählich herumgesprochen, daß es sich nicht allzu günstig auf alle Beteiligten auswirkt, wenn zentrale Themen einer Partnerbeziehung durch lautes Schreien zwischen Küche und Wohnzimmer vorangetrieben werden. Und bekannt ist auch, daß »heiße Themen« besser nicht gerade dann behandelt werden, wenn man sich nach einem harten Arbeitstag erschöpft in den Sessel fallen läßt.

Ungewohnt ist es für uns vielleicht immer noch, eine Auseinandersetzung zu »vertagen«. Und zwar nicht auf den St. Nimmerleinstag oder den Urlaub, sondern auf den nächstmöglichen geeigneten Zeitpunkt. Obgleich der beste Zeitpunkt immer der Moment ist, in dem wir Ärger in uns aufsteigen spüren oder so etwas wie Eingeengtsein oder Einfrieren wahrnehmen, so ist es dennoch in vielen Fällen angebracht, erst schnell nochmal zu dem anderen hinüberzuschauen und einen Blick auf die Gesamtsituation zu werfen, bevor der Ärger rausgelassen wird.

Dieser kurze Moment des Innehaltens kann uns nämlich davor bewahren, daß wir uns kurz danach über uns selber ärgern müssen: Weil wir keine Resonanz erfahren haben oder weil wir es nicht fertiggebracht haben, dem Gegenüber die Ursache unseres Mißfallens zu verdeutlichen.

Auch wenn die Spontaneität darunter leiden sollte: Nur allzuleicht wird der Ärger an der Oberfläche geortet. Und in Wirklichkeit sitzt er viel tiefer, berührt er uns ganz existentiell oder ist er Ausdruck einer »seelischen Stoffwechselstörung«, die ihren Ursprung in Ursachen hat, die nur in einem längeren Gespräch ans Tageslicht gefördert werden können.

Wenn Form und Inhalt übereinstimmen

Man nehme: 3 Eigelb
1 El kaltes Wasser
250 g kalte Butter, in kleine Würfel geschnitten
1 Tl durchgesiebten Zitronensaft
Frisch gemahlenen weißen Pfeffer, Cayennepfeffer und Salz

und erhält als Resultat, wenn man sich genau an die Zubereitungsvorschriften hält, die Sauce Hollandaise.

Mit der Dosierung unserer Aggressionsimpulse tun wir uns leider oft sehr viel schwerer. Und häufig stellen wir mit Bedauern fest, daß uns mal wieder »die Gäule durchgegangen« sind, daß wir »mit Kanonen auf Spatzen geschossen« oder uns benommen haben wie der vielzitierte »Elefant im Porzellanladen«. Durch derartige unkontrollierte Wutausbrüche gehen sicherlich ebensoviele Beziehungen zu Bruch wie durch fortwährendes Nörgeln und Gezetere.

Zwischen geballt herausgebrachtem Zorn und dem nie endenden Gejammere und Gekeife liegen Streitereien, Klagen und Schimpfereien. Während es sich bei dem zuerst genannten um eine kurze und intensive Gefühlsaufwallung handelt, nimmt beim anhaltenden Ärger die Intensität allmählich immer mehr ab, bis er nur noch so »herauskleckert«. Mitmenschen, die mit ihrem Ärger nicht richtig »zu Potte kommen« und ihn portionsweise abgeben müssen, sind bestimmt nicht zu beneiden: Ihnen fehlt das Gefühl für die angemessene Form ebenso wie das Gespür für den passenden Zeitpunkt. Es ist dieser sich oft über Wochen und Monate erstreckende »Dauerdurchfall«, der dazu führt, daß wir solche Menschen meiden.

Da ist es leichter mit jemandem zusammenzuleben, der sich von Zeit zu Zeit mal richtig »auskotzt«. Dann ist es aber auch wieder vorbei, und andere Gefühle können wieder in den Vordergrund treten.

Neben »Jammerlappen« und »Kotzbrocken« sind vor allem diejenigen Zeitgenossen häufig mühsam, bei denen zwar die Form stimmt, die aber mit dem Inhalt ihrer Ärgeräußerungen nicht klarkommen.

»Eigentlich wolltest Du mir deutlich machen, daß ich zu selten zärtlich zu dir bin«, beschwert sich ein Ehemann, »jetzt sind wir mittlerweile bei meinem Desinteresse gegenüber Deinen Volkshochschulkursen angelangt.« Unabhängig davon, daß dieser Ehemann ja auch die Möglichkeit gehabt hätte, das Thema der Auseinandersetzung einzuengen, hat er doch auf etwas Grundsätzliches beim Streitablauf hingewiesen:

Es ist außerordentlich schwer, an dem beabsichtigten Streitthema zu bleiben, wenn eine Anzahl geheimgehaltener, unerledigter Punkte nur gespannt darauf wartet, endlich auch einmal ans Tageslicht zu kommen. Mit diesem »Schattenkabinett« läßt sich erklären, daß und warum der Streitgegenstand immer wieder wechselt und ein Gespräch dort landet, wo keiner eigentlich hinmöchte.

Diese »Eigendynamik« des Streitinhalts bemerken getrennt lebende Paare verblüfft immer wieder, ebenso wie Scheidungsanwälte, die ihre Mandanten immer erneut zum Thema zurückzerren müssen. Zu vieles wurde in der Ehe nicht gesagt, nur angedeutet, durch Ironie verzerrt. Es ist niemals richtig angekommen, wurde nie in seiner vollen Schwere oder Bedeutung erkannt, oder es ging zum einen Ohr herein und zum anderen wieder hinaus.

Die richtige Adresse

»Empfänger unbekannt« – wer sein Mißbehagen loswerden möchte, den richtigen Adressaten jedoch nicht finden kann, ist am Schluß nur noch sauer auf sich selbst. Damit hat der Aggressionsimpuls zwar noch ein Ziel gefunden – aber doch das falsche.
Eine Sonderschullehrerin beklagte sich kürzlich bei mir über das Desinteresse vieler Eltern an pädagogischen Maßnahmen, durch die sie die Kinder noch intensiver fördern wollte, als dies bisher in der Schule der Fall war. Auf die Eltern einer Klasse war sie regelrecht wütend: »Die sollen doch sehen, wie sie allein zurechtkommen. Ohne deren Unterstützung ist nichts zu machen. Wenn die nicht bald die Ärmel aufkrempeln, dann mach' ich Unterricht nach Schema F.« Plötzlich kippte der Ärger weg: »Eigentlich haben die auch keine Schuld. Die haben es so schon schwer genug. Und die Gesellschaft der Gesunden gibt ihnen auch keine Unterstützung. Aber wie kann ich auf alle, denen es gut geht, wütend sein? Wenn nur der Staat mehr für die Eltern tun würde! Aber die haben doch nur Interesse daran, alle vier Jahre wiedergewählt zu werden.« Auf meine Frage, wer sie denn so ärgerlich machen würde, antwortete sie jetzt: »Die ganze Gesellschaft ist doch nicht mehr in Ordnung. Man müßte alles von Grund auf ändern . . . (Pause) Aber ich allein bin dazu viel zu schwach. Ich komm ja kaum mit meinen Schülern klar – ganz zu schweigen von den Eltern.«
Damit hatte sich die Katze in den Schwanz gebissen. Sie war ihren Ärger nicht losgeworden. Der ganze Rundumschlag hatte nichts genützt.
In einer Gesellschaft, die von immer mehr Organisationen mit immer mehr bürokratischem Aufwand verwaltet – oder angeblich gesteuert – wird, läßt sich der für Mißstände verantwortliche Politiker oder Beamte kaum noch ausmachen.
Polizeibeamte, die sich unkorrekt verhalten, können nicht aus der Menge heraus identifiziert werden. Sie haben keine sichtbaren Namensschilder oder zumindest Erkennungszeichen an der Uniform. Durch Vermummen mit Tüchern oder durch Sonnengläser

lassen sich andererseits auch Demonstranten, die mit Eisenstangen oder Fahrradketten auf Polizisten einschlagen, nicht identifizieren und zur Verantwortung ziehen. Bürokratischer Filz, Vetternwirtschaft, Unkenntlichmachen der Drahtzieher – all dies ist ein undurchdringlicher Dschungel, der persönliche Verantwortung verhindert und den Gerechtigkeitssinn immer wieder aufs Unerträglichste provoziert. Es gibt für die menschliche Psyche kaum etwas, das stärker belastet, als stagnierende Aggressionsenergie. Sie ist eine Bürde, die den Atem raubt und jegliche Lebendigkeit absterben läßt.

Auch aggressive Energie, die sich entladen will, aber keinen Ansatzpunkt finden kann, macht krank. Sie bewegt sich fortwährend im Kreis und sucht nach einem Opfer. Sie ist nicht zufrieden, bis sie nicht ein »Aua« hört – den Hinweis, daß sie jemand getroffen hat.

In dieser Gesellschaft, in der strukturelle Gewalt immer wieder nach Opfern sucht und ohne Differenzierungsvermögen beliebig viele Schwache herausgreift, hat sich die latente Aggressionsbereitschaft von Staat und Bürgern von Jahr zu Jahr erhöht.

Rezepte dafür, was mit blockierter Energie zu tun ist, gibt es hundertfach. Jede therapeutische Schule hat da ihr Spezialrezept und jede politische Partei einen anderen Vorschlag. Die Energie soll vom Verstand unter Kontrolle gebracht, beherrscht, verdrängt, verschoben, soll sublimiert oder als Urschrei geformt werden. Aggressionsenergie soll mit Hilfe von Schul- und Hausordnungen gelenkt oder durch einen »Ordnungsruf« des Sitzungspräsidenten geächtet werden. Ruft sie in schriftlicher Form zum bewaffneten Kampf gegen den »Imperialismus in der BRD« auf, so ruft sie den Staatsanwalt auf den Plan. Sie möglichst in der frühen Kindheit in die richtige Bahn zu lenken oder sie durch Austoben zu schwächen, sind Erziehungshilfen, die in keinem Lebenshilfebuch fehlen.

Hier ein Vorschlag von Bhagwan Shree Rajneesh zur Frage: Wohin mit der Energie:

Du mußt ihr erlauben, zur ursprünglichen Quelle zurückzufließen. Wenn sie zur Quelle geht, wird sie formlos – zu reiner Energie. Dort ist sie weder Haß noch Liebe noch Wut noch Sex – einfach nur Energie. Jetzt ist sie unschuldig, denn Formlosigkeit ist absolute Unschuld. Darum sieht ein Buddha so unschuldig aus – kindgleich. Seine Energie ist zur Quelle zurückgekehrt (Bhagwan, 1981).

Bei einem solchen Ratschlag läßt es sich leicht durchatmen. Wir haben die ursprüngliche Naivität wiedergewonnen!? Kriegsgefahr, Verelendung der Dritten Welt, Zerstörung unserer Umwelt, politisches Ringen um Veränderung – nichts zählt wirklich. Nur in sich hineinschauen und der »leuchtenden Gefühlsspur« bis zur Quelle folgen. Bhagwan – Nein, danke.

Empfehlen möchte ich aber die hier abgedruckte »Visualisierungsübung zur Identifikation von Ärger, Wut und Unzufriedenheit«, die ich selbst und mit meinen Klienten vielfach erprobt habe.

Visualisierungsübung zur Identifikation von Ärger, Wut und Unzufriedenheit

1. Setze dich in einen bequemen Sessel. Achte darauf, daß deine Fußsohlen ganz den Boden berühren. Schließe die Augen.
2. Lasse bestimmte Personen oder Situationen, die immer wieder vor deinem inneren Auge auftauchen, langsam aus der Erinnerung an dir vorüberziehen. Versuche, dich an ganz konkrete Sätze, an typische Körperbewegungen, an Handlungsabläufe zu erinnern.
3. Achte darauf, ob du dabei leicht zusammenzuckst oder ob sich deine Muskeln verhärten. Auch Unterbrechungen im Atemrhythmus oder Luftanhalten können Zeichen für zurückgehaltenen Ärger, für Wutimpulse oder Unzufriedenheit sein.
4. Pendle zwischen der visualisierten Person oder Situation und deinen Körperempfindungen hin und her.
5. Horche in dich hinein und achte darauf, ob du spontan

etwas zu dieser Person oder Situation sagen möchtest. (z. B. »Komm mir nicht zu nah«, »Hände weg«, »Hau ab«, »Mist« oder dergleichen.)

6. Versuche jetzt, diese Äußerungen laut von dir zu geben. Wenn du spürst, daß sie dir im Hals stecken bleiben, so atme mehrere Male tief durch, balle deine Fäuste, stampfe mit beiden Füßen auf den Boden und wiederhole dabei diese Äußerungen.

7. Wenn du danach ein Gefühl der Erleichterung verspürst, kannst du mit der Lautstärke und dem Inhalt der Ärgeräußerungen experimentieren. Versuche es mehr aus dem Bauch heraus zu bringen oder schaue dem Anderen dabei fest in die Augen.

8. Versprich dir, daß du beim nächsten Mal besser auf deine Körperreaktionen achten und deine Unzufriedenheit oder Ärger mitteilen wirst.

9. Nimm dir eine bestimmte Situation vor, in der du deinem Ärger Luft machen kannst und willst. Stelle sie dir mehrmals hintereinander vor.

Wenn du dabei ruhig atmen kannst und dich mit dir im Einklang fühlst, kannst du aufhören.

Mensch, ärgere dich doch – und mach auch mal einen Punkt!

Viele Menschen werden das Gefühl der Angst nie richtig los. Am Morgen fürchten sie sich vor dem Tag und am Abend vor der Nacht. Sie haben das Gefühl einer ständigen Bedrohung, das die ganze Welt um sie herum als fortwährende Gefahrenquelle ausweist. Die innere Einstellung entspricht der eines Tieres, das sehr schlechte Erfahrungen in seiner Kindheit machen mußte und sich zu einem sogenannten »Angstbeißer« entwickelte. Menschen, die sich bedroht fühlen, warten gar nicht ab, ob sie jemand verletzen oder verhöhnen will. Sie beißen lieber erst einmal prophylaktisch zu und schauen sich ihr Gegenüber dann erst genauer an.

Diese tiefe Angstempfindung ist in einer Welt des Umbruchs der Werte, die unser Sicherheitsempfinden und Friedensbedürfnis aufs äußerste strapaziert, für sensible Menschen durchaus nachfühlbar. Das Bild eines Insekts drängt sich mir auf, daß sich – am Flügel verletzt – mit erhobenem Stachel fortwährend um die eigene Achse dreht, damit es sein bedrohtes Leben verteidigen kann.

Rundumschläge gegen Staat, Gesellschaft, elterlichen Machtmißbrauch, Scheinmoral, Plastikwelt oder Konsumterror sind aufgrund dieser geballten Angstempfindungen durchaus verstehbar. In ihnen entlädt sich – oft völlig unkontrolliert – die tiefsitzende Enttäuschung über verletzte Wertvorstellungen. In reflexartigen Verteidigungsimpulsen dieser Art werden vor allem von empfindsamen – und somit leicht verletzlichen – Menschen Energien und Kräfte verpulvert, die dann beim gezielten Sich-Wehren fehlen.

Aggressive Verteidigungsimpulse gehören – auch wenn sie oft inadäquat genutzt werden – zur menschlichen Grundausstattung. In ihnen steckt die Kraft, konstruktive Veränderungen einzuleiten und unsere menschliche Natur – unsere Regelkreise – vor einem Übermaß an Außenlenkung und Fremdbestimmung zu schützen. Was wir an diesen Impulsen ändern können, ist nicht die Tatsache ihrer Existenz, sondern die spezifische Form ihres Einsatzes, den Umgang mit ihnen.

»Mensch ärger Dich doch!« ist die Aufforderung, sich der Energie dieses Gefühls zu bedienen und sie zum Schutz menschlicher, tierischer und pflanzlicher Bedürfnisse zu gebrauchen.

Wie bereits des öfteren dargestellt wurde, zählt hierzu vor allem das Recht auf das natürliche Wachstum. Das heißt: auf die Befriedigung unserer Bedürfnisse nach dem Prinzip eines Regelkreises von Kontakt und Rückzug. Dies gilt ebenso für biologische Kreisläufe in der Natur wie für Wechselbeziehungen, die zwischen uns Menschen und dem »Raumschiff Erde« notwendig sind.

Um diesen Zielen näherzukommen, darf unsere aggressive Energie nicht wahllos verschleudert werden, was zu Resignation und Untätigkeit führen kann. Sie muß vielmehr aufgespart und gebündelt werden, damit sie uns am richtigen Ort zur richtigen Zeit zur Verfügung steht. Unsere Forderungen lauten konkret:

Erstens: Aggressionsenergie wird zum Beißen und Kauen benötigt – selbstverständlich nicht nur für unsere tägliche Nahrung, sondern auch für die um uns herum bestehenden Wert- und Moralvorstellungen.

Gerade im Zeitalter der Papp-Hamburger, Fertiggerichte und vorgekochten Dosennahrung dürfen wir nicht vergessen, daß wir Zähne und Muskeln zum Kauen haben. Unsere Kauinstrumente dienen nicht nur zum Zerkleinern von Schwarzbrot, Fleisch oder Gemüse oder zum festen Biß in einen Apfel. Im übertragenen Sinn sind wir verpflichtet, täglich mit unseren Beißwerkzeugen auch politische Vorgänge, Ideologien, vorherrschende Trends und Konsumvorstellungen zu bearbeiten. Wir können so herausfinden, ob uns bestimmte Umgangsformen, geistige oder politische Strömungen »schmecken«.

Bei Ungenießbarkeit ist Vorsicht geboten, damit wir uns nicht die Zähne ausbeißen oder plötzlich einen dicken Brocken im Magen haben, der uns unruhige Tage und Nächte bereitet. Nur allzuleicht werden wir dann von einer Art Dauerübelkeit befallen, die immer wieder auftritt, wenn wir bestimmte Menschen auf dem Bildschirm sehen oder beruflich mit Kollegen zusammenkommen, die wir auch beim besten Willen einfach nicht »verknusen« können.

Zweitens: Aggressionsenergie wird zur Abgrenzung gegen Fremdbestimmung und Manipulation sowie zur Abwehr struktureller und individueller Gewalt benötigt.

Jeder Mensch hat das Recht und die Pflicht der eigenen Person gegenüber, sich zur Wehr zu setzen, wenn er sich bedroht fühlt.

In vielen – wenn auch nicht allen – Fällen von Bedrohung liegt es an uns selbst, Verantwortung für den Schutz unserer Interessen zu übernehmen und uns abzugrenzen gegen Außendruck und Repression.

Dies fängt bei scheinbar einfachen Formen der Gegenwehr an, wie beispielsweise bei der Abwehr unnötiger Klauseln im Mietvertrag oder im Nein-Sagen, wenn uns ein Gastgeber unbedingt noch ein Glas Wein aufzwingen will. Und die Verantwortung für uns selbst hört auch nicht bei dem Kreuzchen auf, das wir bei Wahlen auf den Stimmzettel machen. Eine Sekretärin, die sich beispielsweise mit Vehemenz gegen die diskriminierende Anrede »Fräulein« zur Wehr setzt, nutzt ihre Abgrenzungsenergie ebenso wie ein Arzt, der es sich trotz des Drucks von seinen Standeskollegen nicht nehmen läßt, jedem seiner Patienten die Zeit zukommen zu lassen, die für eine ganzheitliche Behandlung notwendig ist (Haun, 1982).

Drittens: Aggressionsenergie wird zur Unterstützung einer individuellen Lebensplanung und Lebensgestaltung benötigt, die sich von herkömmlichen Formen abhebt und die speziellen Interessen und Bedürfnisse eines bestimmten Individuums berücksichtigt.

Ohne daß wir es merken, haben sich bestimmte Höflichkeitsfloskeln, Anstandsregeln, Berufsrollen und Lebenspläne in uns »eingenistet«. In solchen Fällen ist der Gegner, den es in Schach zu halten gilt und vor dem wir auf der Hut sein sollten, bereits ein fester Bestandteil unserer Person geworden. Hier gilt es Wachsamkeit nach innen zu zeigen und trotz des »inneren Schweinehundes« den eigenen Weg zu verfolgen. Die aggressive Energie liefert uns immer wieder aufs neue Kraft für ungewohnte und möglicherweise sogar für ungewöhnliche Formen, ein »Gutes Leben zu leben«. Wir brauchen diese Kraft auch, um unser »Schiff« wieder flott zu bekommen, wenn es auf Grund gelaufen oder mit anderen Wertvorstellungen havariert ist.

Ein Lehrer beispielsweise, der es wagt, sich ganzheitlich, das heißt mit seinen persönlichen Wertvorstellungen und Problemen *und* mit seinem Fachwissen einzubringen, schafft eine andersartige Berufsrolle, erlebt persönliche Identität und eine Chance zum Wachsen durch Kontakt und Auseinandersetzung mit Schülern, Kollegen und Kultusbehörde.

Viertens: Aggressionsenergie wird für den gemeinsamen Kampf um das Leben in all seinen Formen und für das Überleben aller auf unserem Planeten gebraucht.

Ob wir die Ost-West-Auseinandersetzungen oder das wirtschaftliche Nord-Süd-Gefälle zwischen sogenannten reichen und armen Staaten betrachten – eines bleibt gleich: Trotz geographischer, wirtschaftlicher oder sozialer Unterschiede sitzen wir alle im gleichen Boot. Wir sind auf kollektive Kraft angewiesen, wenn wir gegen Armut, Hunger, politische Verfolgung, Rüstungsspirale und Kriegsgefahr protestieren wollen. Wir brauchen Energie, um uns auch dort Gehör zu verschaffen, wo man uns nicht hören will. Wir müssen – nicht zuletzt für unsere Kinder – dafür eintreten, daß unser Lebensraum nicht weiterhin das Opfer von Zerstörung und Ausplünderung wird. Wir benötigen zielgerichtete Energie, um für neuartige und auf den ersten Blick ungewöhnliche Formen des Krisenmanagements in unserer privaten Sphäre und im politischen Rahmen einzutreten.

Als Beispiel mag das Ehepaar dienen, das sich nach vielen Überlegungen dafür entschied, ein Jahr des Getrenntlebens zu versuchen, um eine neue Basis für die Beziehung zu schaffen oder die Ärzte, die öffentlich zum Boykott eines Pharmakonzerns aufriefen, weil dieser sich weigerte, Auskunft über den Ort zu geben an den – gesetzwidrig – hochgiftige Chemikalien transportiert wurden.

Literatur

Asgodom, S. (Hrsg.): »Halts Maul – sonst kommst nach Dachau!« Köln, 1983.

Bach, G./Goldberg, H.: Keine Angst vor Aggression, Frankfurt a. M., 1981.

Bach, G./Wyden, P.: Streiten verbindet, Düsseldorf, 7. Aufl. 1981.

Bandura, Albert: Aggression, Stuttgart, 1979.

Bandura, Albert: Gewalt im Alltag. In: Psychologie heute 7/79.

Bhagwan, Shree Rajneesh: Das Buch der Geheimnisse, München, 1981.

Bloch, Ernst: Das Prinzip Hoffnung, Frankfurt, 1973.

Boyd, Doug: Rolling Thunder, München, 1978.

Breidenstein, Gerhard: Unser Haus brennt, Hamburg, 1982.

Brückner, Peter: Über die Gewalt, Berlin, 1979.

Bundesministerium für Jugend, Familie und Gesundheit: Kindesmißhandlung, Bonn, 1979.

Buss, A.: Die Quittung der Aggression. In: *Singer, J.* (Hrsg.): Steuerung von Aggression und Gewalt, Frankfurt a. M., 1972.

Duerr, H.P. (Hrsg.): Unter dem Pflaster liegt der Strand, Berlin, 1975.

Duhm, Dieter: Angst im Kapitalismus, Lampertheim, 1972.

Duhm, Dieter: Aufbruch zur neuen Kultur, München, 1982.

Elhardt, Siegfried: Aggression als Krankheitsfaktor, Göttingen, 1973.

Ferguson, Marilyn: Die sanfte Verschwörung, Basel, 1982.

Freud, Sigmund: Jenseits des Lustprinzips. In: Ges. Werke XIII, 1920 bis 1924.

Freyer, Hans: Theorie des gegenwärtigen Zeitalters, Stuttgart, 1963 (1. Aufl. 1956).

Fromm, Erich: Anatomie der menschlichen Destruktivität, Hamburg, 1977.

Fromm, Erich: Haben oder Sein, Stuttgart, 1979.

Fromm, Erich: Wege aus einer kranken Gesellschaft, Frankfurt, 1980.

Fürntratt, Ernst: Angst und instrumentelle Aggression, Weinheim, 1974.

Geissler, Jürgen: Psychologie der Karriere, München, 1977.

Gendlin, Eugene: Focusing, Salzburg, 1981.

Global Future. Es ist Zeit zu handeln. Global 2000: Die Fortschreibung des Berichts an den Präsidenten, Freiburg, 1981.

Habermehl, W.: Aggression – ein fauler Zauber. In: Warum, 7/1980.

Haffner, Sarah (Hrsg.): Gewalt in der Ehe, Berlin, 1976.

Haun, Rainer: Der befreite Patient. Wie wir Selbsthilfe lernen können. Eine Alternative zum Medizin-Konsum, München, 1982.

Horn, Klaus: Wissenschaft und Gewalt. In: Psychologie heute, 7/1979.

Jungk, Robert: Menschenbeben – der Aufstand gegen das Unerträgliche, Gütersloh, 1983.

Kornadt, Hans J.: Aggression und Frustration als psychologisches Problem, Darmstadt, 1981.

Lutz, Rüdiger, (Hrsg.): Sanfte Alternativen. Ein Öko-Log-Buch, Weinheim, 1981.

Lorenz, Konrad: Die acht Todsünden der zivilisierten Menschheit, München, 1973.

Lorenz, Konrad: Das sogenannte Böse. Zur Naturgeschichte der Aggression, München, 1974.

Lowen, Alexander: Bioenergetik, Hamburg, 1979.

Lowen, Alexander: Angst vor dem Leben, München, 1981.

Marcuse, Herbert: Repressive Toleranz, in: *Wolff, R. P./Moore, B./ Marcuse, H.:* Kritik der reinen Toleranz, Frankfurt a. M., 1970.

Müller, Werner: Indianische Welterfahrung, Frankfurt, 1981.

Parsons, Talcott: Über wesentliche Ursachen und Formen der Aggressivität in der Sozialstruktur westlicher Industriegesellschaften. In: *Parsons, T.:* Beiträge zur soziologischen Theorie, Neuwied, 1968.

Perls, Fritz: Das Ich, der Hunger und die Aggression. Die Anfänge der Gestalttheorie, Stuttgart, 1978.

Pieritz, R.-J./Spahn, C.: Partnerschaftskurs – Wenn die Liebe hinfällt, München, 1978.

Pieritz, R.-J./Spahn, C.: Reden muß man miteinander, Düsseldorf, 1982.

Polster, E./Polster, M.: Gestalttherapie, München, 1973.

Richter, Horst E.: Zur Psychologie des Friedens, Reinbek, 1982.

Robertson, James: Die lebenswerte Alternative, Frankfurt a. M., 1979.

Saltoon, Diana: Bewußter leben. Wie wir durch Körperübungen, gesunde Ernährung und Meditation zu einem neuen Lebensstil finden, München, 1983.

Sartorius, W. (Hrsg.): ». . . auch wenn das Kind schon blau geschlagen ist . . .«, München, 1979.

Schmerl, Christiane: Sozialisation aggressiven Verhaltens. In: Sozialisation und Persönlichkeit, Stuttgart, 1978.

Schmidt-Mummendey, A./Schmidt, H. D.: Aggressives Verhalten, München, 1971.

Selg, Herbert (Hrsg.): Zur Aggression verdammt? Stuttgart, 1975.

Simonton, O. Carl, u. a.: Wieder gesund werden. Eine Anleitung zur Aktivierung der Selbstheilungskräfte für Krebspatienten und ihre Angehörigen, Reinbek, 1982.

Singer, Jerome: In Fernsehen und Film dargestellte Gewalt und ihr Anteil an der Bewirkung offener Aggression. In: *Singer, J.* (Hrsg.): Steuerung von Aggression und Gewalt, Frankfurt a. M., 1972.

Smith, W. L.: The growing edge of Gestalt Therapy, New York, 1976.

Sobez, I./Verres, R.: Die Kunst, sich richtig zu ärgern. In: Psychologie heute, 4/1980.

Tedeschi, J./Smith, R./Brown, R.: A reinterpretation of research on aggression. Psychological Bulletin, 81/1974.

Westphalen, Friedrich von: Diskussion um die Grundwerte: Krisensymptom oder Trendwende. Hrsg. Bund Katholischer Unternehmer, Köln, 1979.

Wildenhain, Michael: Zum Beispiel k., Berlin, 1983.

Zinker, Joseph: Creative Process in Gestalt Therapy, New York, 1977.

Register

Dieter Duhm

Aufbruch zur Neuen Kultur

Von der Verweigerung zur Neugestaltung.
Umrisse einer ökologischen und menschlichen
Alternative
119 Seiten. Kartoniert

Dieses Buch antwortet zentral auf die Fragen all derer, die innerhalb und außerhalb der Alternativbewegung nach neuen Lebensmöglichkeiten suchen.

Wie wird die Neue Kultur aussehen? Dieter Duhm verbindet ökologische und psychologische Elemente zu einer kulturellen Gesamtalternative, die er als »lebensgesetzliche Kultur« beschreibt. Dabei geht es um die Wiedervereinigung des modernen Menschen mit dem Lebendigen. Nach Duhm ist dies erreichbar, wenn die anstehende ökologische Revolution mit einer erotischen und einer geistigen Revolution verbunden wird. Seine Hauptzeugen sind Wilhelm Reich und Teilhard de Chardin.

Wie wird die Neue Kultur entstehen? Der Autor plädiert für den Aufbau von Kulturzentren, in denen die notwendigen psychologischen und sozialen Voraussetzungen modellhaft realisiert werden. Von dort aus wird dann ein »Wandel von innen her« für eine wachsende Zahl von Menschen möglich sein.

Kösel-Verlag · München

Hartmut Hansen / Freya Pausewang

Umdenken lernen

Praktische Hilfen für eine Erziehung zum
Überleben
196 Seiten. Kartoniert

Verknappung der Rohstoffreserven, Umweltverschmutzung, Fragen der Ernährung und Welt-
bevölkerung sind Probleme, mit denen wir immer
heftiger konfrontiert werden.

Wir wissen inzwischen auch, daß eine veränderte
Lebensweise erforderlich ist, wenn das Über-
leben der Menschheit gesichert sein soll. Wie
Eltern und Erzieher ihre Kinder auf solche Ver-
änderungen vorbereiten können, wird in diesem
Buch gezeigt. Zahlreiche Beispiele sowie gezielte
Aufgaben betonen vor allem, daß es auf folgende
Schritte ankommt:

Das Problem zur Kenntnis nehmen – Nachden-
ken – Mitdenken, d.h. sich selbst in das Problem
einbeziehen – Umdenken – Handeln.

Kösel-Verlag · München